Uwe Böschemeyer

Und jetzt bin ich wieder allein

Hoffnungen und Chancen nach der Trennung

Uwe Böschemeyer

Und jetzt bin ich wieder allein

Hoffungen und Chancen nach der Trennung

Quell

ISBN 3-7918-3462-2

Lektorat: Andrea Scholz-Rieker
Umschlaggestaltung: Barbara Hanke, unter Verwendung des Motivs
von August Macke »Dame in grüner Jacke«, © Blaul/Artothek
Geamtherstellung: Maisch & Queck, Gerlingen

Inhalt

Vorwort

Liebe Leserin, lieber Leser,
Trennungen sind tiefe und schmerzvolle Einschnitte. Sie verletzen Seelen, schaffen Unordnung, stören nicht nur das Paar, sondern auch Familien, Freundes- und Bekanntenkreise, entziehen Kindern den Boden unter den Füßen, dunkeln ganze Lebensabschnitte ein, bestimmen vielleicht das ganze Leben. Trennungen sind tiefe und schmerzvolle Einschnitte. Und wenn sie sich vermeiden lassen, sollten sie vermieden werden!
Aber: Manchmal müssen Trennungen sein. Denn wenn eine Beziehung zur Dauerkrise wird, gar zu einem permanenten Leiden –, wenn jedwede Entwicklung des einzelnen Partners oder des Paares verhindert wird, entsteht mit Recht die Frage nach dem Sinn der Fortsetzung gemeinsamen Lebens.
Ob Trennungen immer sein müssen, ob sie nicht weit weniger vorkommen dürften? Ob sie nicht viel zu oft »passieren« – wer will darüber eine allgemeine Auskunft geben? Jedenfalls besagen die Zahlen – sie differieren und darum nenne ich keine –, daß weit mehr Scheidungen stattfinden als in früheren Zeiten. Wahrscheinlich gilt das auch für Trennungen unverheirateter Paare. (Daß ich mich in einem Buch über Trennungen auf verheiratete *und* unverheiratete Paare beziehe, scheint mir selbstverständlich, da unverheiratete Paare, die in einer festen Bindung leben, einen Großteil unserer Lebenswirklichkeit ausmachen.)

Warum trennen sich so viele Paare? Drei Aspekte scheinen mir besonders wichtig zu sein.

Der erste Aspekt:

Wir haben durch die Tiefenpsychologie dieses Jahrhunderts mehr als Menschen anderer Epochen von unseren *Wünschen* erfahren. Das war gut und überfällig. Die Folge war leider *auch,* daß wir zu stark auf unser Ich fixiert wurden und die Tatsache aus den Augen zu verlieren begannen, daß wir nicht nur Individuen, sondern auch Gemeinschaftswesen sind.

Der zweite Aspekt:

In dem Maße, in dem die Verweltlichung der Welt zunahm, nahm das Gefühl der Geborgenheit im Leben ab. In dem Maße, in dem dieses Gefühl abnahm, wuchsen die Erwartungen der Partner und damit die Ansprüche. Je höher jedoch die Erwartungen aneinander wurden, desto mehr entwickelte sich die Tendenz, sich gegenseitig zu überfordern.

Der dritte Aspekt:

Wie sollte, wenn alles in unserer Zeit im Umbruch ist – technologisch, politisch, sozial, ethisch – der sensibelste Bereich des Lebens, die Ehe, das Paar, davon ausgenommen sein? Nein, Menschen dieser Zeit sind keineswegs beziehungsunfreundlicher geworden, sie haben nur weniger als in früheren Zeiten nachvollziehbare Leitlinien und fühlbare Erfahrungswerte, an denen sie sich orientieren könnten. Wer das leugnet, sollte eine Woche lang die Not erleben, die sich in unseren Beratungspraxen zeigt.

Ich habe dieses Buch nicht in der Absicht geschrieben, möglichst alles, was im Umfeld von Trennung vorkommt, zu dokumentieren. Es ging mir mehr darum, die mit ihr verbundenen *wesentlichen* Schwierigkeiten und Möglichkeiten darzustellen. Vor allem aber lag mir daran, unser Thema nicht *nur* pragmatisch und individualistisch abzuhandeln, sondern auch geistig zu durchdringen. Was heißt das?

Gewiß, Menschen sind unverwechselbar, und also sind Partnerschaften es auch. Keine gleicht der anderen. Die Unvergleichbarkeit ist jedoch nur ein Aspekt. Der andere ist, daß wir auch der Gattung Mensch und einem bestimmten Typus angehören. Daher gibt es nicht nur spezifische Einsichten und ihnen entsprechende Hilfen für *einzelne* Paare, es gibt auch *allgemeine* Grund- und Erfahrungswerte, die wir kennen müssen, wenn wir das Scheitern von Beziehungen begreifen und nach neuen Wegen für Gescheiterte suchen wollen.

Ich habe versucht, das, was man über das Problematische einer Trennung und über Chancen und Hoffnungen in der Zeit danach wissen sollte, nicht nur zu bedenken, sondern auch an bildhaften Szenen zu veranschaulichen.

Diese Szenen habe ich so oder ähnlich in vielen Partnerschaftsberatungen kennengelernt. Die Darstellungen spiegeln *keine* historischen Abläufe konkreter Beziehungen wider, wohl aber deren innere Wirklichkeit. Sie stellen auch nicht *ein* Paar in der Entwicklung ihrer Trennungsgeschichte dar, sondern unterschiedliche Paare in unterschiedlichen Situationen. Einige Szenen haben mir auch geholfen, Gedankengänge, die man zwar leicht niederschreiben, doch

gar nicht leicht dem Gefühl nahebringen kann, zum Aus-Druck zu bringen.
Sie werden bemerken, daß sich bestimmte Aussagen wiederholen. Das ließ sich bei diesem Thema nicht umgehen. Denn die zentralen Gedanken, um die es geht, spielen in fast allen Variationen zum Thema eine Rolle. Im übrigen verlasse ich mich auf Ihre Geduld.
Ein anderes Problem hat mich während der gesamten Arbeit gepeinigt: die Begrifflichkeit von »Partner« und »Partnerin«, »er« und »sie«. Hätte ich diese Differenzierung an den tausend Stellen, an denen sie nötig gewesen wäre, eingeführt, wäre der gesamte Sprachfluß ins Stocken gekommen. Deshalb habe ich weithin darauf verzichtet. Ich meine, wann immer ich vom »Partner« spreche, den Menschen, also die Frau und den Mann.
Zum Schluß das Wichtigste: Ich habe die Hoffnung, zeigen zu können, daß das Leben nach der Trennung keinesfalls an Qualität verlieren muß, ja, vielleicht noch zunehmen kann. Darüber hinaus zeigt dieses Buch indirekt Wege, wie sich Trennungen *verhindern* lassen und Partnerschaften stabilisiert werden könnten. Deshalb ist es nicht nur für Menschen in der Krise gedacht, sondern auch für solche, die sie gar nicht erst erleben wollen. Und vielleicht wird auch der Leser, der seinen Partner durch Tod verloren hat, den einen oder anderen Hoffnungsgedanken aufnehmen können.

Salzhausen, im Mai 1998 *Uwe Böschemeyer*

Die Mitteilung

Seit Tagen schon hat sie ihn gedrängt, ihr zu sagen, was ihn bedrückt. Du hast doch was, hat sie immer wieder gesagt. Jedes Mal hat er es vermieden, sie anzuschauen. Jedes Mal hat er sie mit einer unwilligen Bemerkung stehenlassen.
Heute kommt er nach Hause und wirkt sehr seltsam. Angst steigt in ihr auf. Sie spürt deutlich, daß dieser Tag ihr Leben verändern wird. Dann sagt er: Ich muß mit dir reden. Um das, was er mitteilen will, so rasch wie möglich hinter sich zu bringen, zwingt er sich, ihr das Wichtigste gleich zu sagen: Ich ziehe aus. Dann schweigt er.
Sie hört den Satz, doch sie begreift ihn nicht. Die Bank, auf der sie sitzt, scheint unter ihr zu sinken. Sie findet keine Worte. Sie sieht ihn an, er sie nicht. Ihr Blick sucht eine Brücke zwischen ihr und ihm. Sie findet sie nicht. Sie greift nach einer Zigarette. Die Hände zittern, als sie sie anzündet.
Der vertraute Raum wirkt plötzlich fremd. Das Geräusch der Heizung stört sie. Das helle Licht erträgt sie kaum. Ein Kind erscheint in der Tür und fragt, wie »Karneval« geschrieben werde. Nicht jetzt, wehrt sie mit fremder Stimme ab. Nach langer Zeit sagt sie nur: Du ziehst aus? Es ist, als stelle sie die Frage gar nicht selbst. Er nickt.
Warum? fragt sie mit leiser Stimme. Wieder schweigt er.
Da ist eine andere Frau? Er nickt nur.
Das weitere Gespräch verläuft nicht aggressiv. Fragen stellt sie ihm: ob sein Entschluß feststehe, wer die andere sei, ob er sie

liebe, ob sie selbst noch eine Chance habe, was sie falsch gemacht habe, wohin er ziehe, wann er mit den Kindern sprechen wolle.
Heute nacht schlafen sie nach fünfzehn Jahren zum ersten Mal in getrennten Räumen.

Am nächsten Morgen ist sie zurückhaltend, spricht kaum ein Wort. Er bemüht sich um Höflichkeit. Plötzlich wird sie aggressiv. Hat sie dir schon neue Umgangsformen beigebracht? Er schweigt. Schau einmal, versucht er ein Gespräch. Sie unterbricht ihn. Nein, schreit sie auf, spar dir deinen Sermon, ich habe alles verstanden! Dann kühl: Kommst du heute nach Hause?
Wieder will er einlenken: Aber selbstverständlich ... Das brauchst du nicht, sagt sie scharf. Das brauchst du überhaupt nie mehr! Und dann, dabei überschlägt sich ihre Stimme: Raus, ich will dich nie mehr wiedersehen!
Als er gegangen ist, weint sie, schluchzt sie, erlebt sie, was es heißt, den Boden unter den Füßen zu verlieren. Sie telefoniert, raucht eine Zigarette nach der anderen, greift, was sie nie tat, zur Cognacflasche. Der Tag wird traurig, trist und trostlos.
Von Stunde zu Stunde begreift sie deutlicher, daß er sie tatsächlich verlassen hat. Und immer wieder hört sie sich sagen: Warum nur?
Gewiß, seit Monaten hatten sie sich häufiger als sonst gestritten. Sie hatten wenig gemeinsam unternommen. Die Gespräche hatten sich auf den Austausch notwendiger Informationen beschränkt Das Interesse aneinander war auffallend geschwun-

den, auch sexuell. Das Wort Krise war gefallen. Und doch: War da nicht immer wieder auch die alte Vertrautheit spürbar gewesen? Hatten sie sich nicht auch immer wieder angelächelt? Hatten sich nicht vor dem Einschlafen – bis zuletzt – ihre Hände gefunden? Und die Idee vom Hauskauf? War er es nicht gewesen, der noch vor wenigen Monaten davon gesprochen hatte?

Ich kann's einfach nicht fassen! sagt sie nach einigen Tagen zu ihrer Freundin, ich kann's einfach nicht fassen, daß das, was zwischen uns war, zu Ende sein soll! Und dann: Ich könnte die Frau umbringen!

Die Frau? fragt die Freundin spitz zurück.

Dann kommt der Vorabend des Tages, an dem der Möbelwagen bestellt ist. Jeder macht sich selbst das Abendessen. Die Kinder haben sich auf ihre Zimmer zurückgezogen. Die formalen Dinge sind geklärt. Sie beschäftigt sich und weiß nicht, womit. Er packt die restlichen Sachen in die Umzugskartons.

Einige Bilder hat er von den Wänden genommen. In zwei Zimmern fehlen die Teppiche, in einem anderen die Stehlampe. Im Kleiderschrank ist viel Raum entstanden. Niemand spricht. Die Wohnung gleicht einer verwilderten Seele. Noch könnte der Umzug stagniert werden …

Es ist schon spät. Da lächelt er sie scheu an. Müde legt sie ihre Hand auf seinen Arm. Das war's also, sagt sie tonlos. Vielleicht, ist seine Antwort.

Trennung ist ein tiefer Einschnitt

Die unfreiwillige Trennung von einem Partner, vor allem die von einem *geliebten* Menschen, ist ein tiefer Ein-Schnitt ins Leben. Selbst dann, wenn sie schon längere Zeit befürchtet wurde, bedeutet die Realität für den, der verlassen wird, ein Widerfahrnis, dem er zunächst kaum gewachsen ist. Partir, c´est toujours un peu mourir. Abschied nehmen, das ist immer ein wenig sterben.

Der Verlassene steht vor einer gänzlich neuen, von ihm keineswegs gewollten Lebenssituation und reagiert darauf zunächst hilflos: möglicherweise mit einem Schock, mit depressiven und aggressiven Gefühlen, mit Verzweiflung. Seine *bisherige* Einstellung zum Leben ist durch die unfreiwillige Trennung überholt, sein Gefühl für den Wert von Leben vielleicht erloschen. Seine Bereitschaft, zu einer der *neuen* Situation angemessenen Einstellung zu gelangen, ist zunächst denkbar gering.

Vieles, was üblich war, findet von einem auf den anderen Tag nicht mehr statt: Beim Aufwachen sucht die Hand vergeblich die andere. Der Stuhl am Frühstückstisch bleibt leer. Der Abschiedskuß bleibt aus. Der erwartete Anruf um die Mittagszeit kommt nicht. Am Abend ruft vom Flur her die vertraute Stimme nicht mehr das langgezogene »Hallo«. Auch der Platz vor dem Fernseher bleibt leer, wenn die beliebte Sendung kommt. Und dann die Nacht. Das Bett ist viel zu breit geworden. Das gefürchtete Gespenst der Einsamkeit beginnt sein kaltes Gesicht zu zeigen.

Vor allem die Kinder. Sie sind so still geworden. Es ist schwer, mit ihnen über die Trennung zu sprechen. Manchmal rutschen dem verlassenen Partner aggressive Worte über den »Davongelaufenen« heraus, die besser ungesagt geblieben wären. Wie soll übrigens die Besuchsregelung aussehen? Die Schule ist noch gar nicht informiert …
Weiter: Von einem auf den anderen Tag muß der Verlassene die Aufgaben übernehmen, die der andere bislang gekonnt bewältigt hat: die bürokratischen Dinge, den einen Teil des Haushaltes, das Gespräch mit den querulierenden Nachbarn, den Gang zum Elternsprechtag.
Dann das Geld. Wird es reichen? Ist die bisherige Regelung überhaupt gerecht? Wird er/sie weiterhin fair sein? Und wenn tatsächlich die Scheidung kommen sollte – ob sich langfristig eine *gute* Lösung erreichen läßt? Ob sich die Wohnung halten läßt?
Behördenbriefe kommen ins Haus. Auf Fragebögen wird nun »getrennt lebend« stehen. Das tut weh. Das beschämt. Ein getrennt Lebender ist sozial nicht mehr ganz intakt. Auch die Steuerkarte muß geändert werden. Wie wird sich die Änderung auswirken?
Wird der Freundeskreis bleiben? Wie werden die Nachbarn reagieren? Wer wird treu bleiben?

Unschlüssig sitzt sie im Wohnzimmer. Sie hat die Kinder zur Schule gefahren. Eigentlich müßte sie einkaufen, doch irgendetwas hält sie zurück. Was will sie tun? Ihr fällt nichts ein. Alles ist anders. Sie fühlt sich orientierungslos. Sie bemerkt nicht, daß sie minutenlang schon mit einem roten Gummi spielt. Wieder hat sie kaum geschlafen. Tausend und mehr Gedanken sind durch ihren Kopf gezogen. Keinen hat sie festhalten können. Es schien, als wäre ihr Kopf von fremden Mächten besetzt gewesen. In der Frühe erst ist sie eingeschlafen. Ihr ganzer Körper ist jetzt wie Blei. Und ihre Seele? Ach, lieber nicht darüber nachdenken. Doch die Gedanken ziehen weiter …

Eine Freundin kommt ihr in den Sinn. Sie war am Telefon so seltsam. Der gemeinsame Freund hat sich seit dem Auszug auch nicht mehr blicken lassen. Und ihre Eltern? Sie lassen wenig von sich hören. Wir halten uns da raus, haben sie gesagt. Das ist typisch für sie, denkt sie. Dann allerdings sollten sie auch ihre versteckten Vorwürfe für sich behalten!

Ich bin ein Single! Paare, sagt man, nehmen sich vor Singles in acht … Oh, là là, sagt sie grimmig, ich bin in den Stand der reißenden Wölfinnen aufgerückt. Welch eine Ehre!

Was wird eigentlich aus unserem Theaterabonnement? Und aus der Reise?

Die Gedanken rasen weiter … Wann werde ich ihn wiedersehen? Wie wird das sein? Wo werden wir uns treffen? Ich hab solche Sehnsucht. Ob ich ihn einfach anrufe? Ich weiß ja wegen der Steuer nicht Bescheid …

Da klingelt es. Sie rast zum Telefon. Er ist es. Seine Stimme klingt müde. Sie kann ihre Freude über den Anruf nur mühsam verbergen. Sie spricht ihn auf seine Müdigkeit an.

Er weiß darauf nichts zu sagen. Ich vermisse dich, hört sie sich sagen. Er antwortet nicht gleich, sagt dann ausweichend: Glaub nicht, daß es mir nur gutgeht. Dann komm zurück, will

sie sagen, nimmt aber im letzten Augenblick den Satz zurück. Als sie den Hörer auflegt, ist sie verwirrt. Lange bleibt sie am Telefon sitzen. Es klingelt kein zweites Mal …
Wärme für ihn durchströmt sie, vage Hoffnung keimt auf: Und wenn doch alles nur ein Übergang wäre … Doch wenig später sieht sie vor sich ein Bild, das sie wieder niederzieht: Sie sieht ihn Arm in Arm mit einer fremden Frau, verliebt wie damals, als sie sich kennenlernten.
Irgendwann sagt sie leise vor sich hin: Ich brauch dich so! Und dann: Ich kann doch ohne dich nicht leben. Sie legt die Hände in den Schoß und flüstert: Das schaff ich nicht. Es ist, als habe ihr eigenes Leben sie verlassen.

Die Trennung von einem *geliebten* Partner bedeutet eine tiefe Lebenskrise, die von drei schwerwiegenden Fragen bestimmt wird: der Frage nach dem *Warum* der Trennung, der nach dem *Wie* und dem *Wozu* des Weiterlebens.
Da fast jeder Trennung eine mehr oder weniger deutliche Krise vorausgegangen ist, scheint es auf die Warum-Frage Antworten zu geben: Als mögliche *Ursache* sieht der Verlassene zum Beispiel den neuen Partner des anderen – unlösbar erscheinende sexuelle Probleme – schleichende Entfremdung durch Arbeitsüberlastung – tiefliegende Kommunikationsstörungen – grundverschiedene Ansichten zur Erziehung – oder den Wunsch des anderen nach Selbstverwirklichung. Nur selten weiß der, der nachdenkt, auf die Frage nach dem Warum überhaupt keine Antwort.
Dagegen bleibt die Frage nach dem *eigentlichen Grund* der

Trennung zunächst oft unbeantwortet. Das aber ist für den Betroffenen schwer auszuhalten. Die Frage nach dem »eigentlichen Grund« meint, warum der andere trotz der bestehenden Probleme die Krise nicht aus- und durchgehalten, warum er nicht mit ihm gemeinsam so lange nach einer Lösung gesucht habe, bis sie sich gezeigt hätte. Daher hinterläßt diese Frage, wenn sie unbeantwortet bleibt, ein seelisches Vakuum, in das niederziehende Gefühle unterschiedlichster Art einziehen können: Schmerz und Wut, Hilflosigkeit und Rache, Minderwertigkeit und Verachtung etc. Wer ein Warum zu leben habe, hat Nietzsche gesagt, ertrage fast jedes Wie. Wer aber keines zu leben hat, dem wird die Frage danach, wie er weiterleben könne, zu einem Riesenproblem.

2. Das Familien- und/oder Lebenssystem verändert sich in fast allen wichtigen Bereichen. Vieles ist nicht mehr so, wie es einmal war. Manches, was der Verlassene nun selbst zu machen hat, hat er nie gelernt, in manchem hat er keine Übung mehr. Vor vielem hat er Angst, besonders deshalb, weil sein Selbstvertrauen sehr gelitten hat. Er ist von verwirrenden Gefühlen ausgefüllt und soll trotzdem konkret und sachlich seinen Alltag bestehen. Er soll Dinge tun, die ihm bislang mehr oder weniger fremd waren. Das macht nicht nur ratlos, das macht auch hilflos, nicht nur hilflos, sondern auch wütend, nicht nur wütend, sondern auch ohnmächtig. Und deshalb weiß er nicht, *wie* sein Leben weitergehen soll. Das jedenfalls gilt für die Zeit kurz nach der Trennung für viele.

3. *Unter* der Frage nach dem Wie meldet sich bei vielen Verlassenen jedoch eine noch viel tiefere, die nach dem *Wozu.* Wenn Kinder da sind, stellt sie sich so dringlich nicht, doch auch dann, wenn keine da sind, stellt sie sich nicht selten.

Wer nach der Trennung die Frage nach dem Wozu seines Weiterlebens stellt, geht von der Voraussetzung aus, daß er das Wichtigste im Leben, den Hauptwert, die *Hauptsache* verloren habe. Wer aber die Hauptsache verloren zu haben meint, hat das Gefühl, den *Grund*, die *Mitte*, das *Ziel*, die *Orientierung im Leben* verloren zu haben. Er weiß nicht mehr weiter. Er tritt auf der Stelle. Er hat die Verbindung zu sich verloren. Er hat auch die Verbindung zur Welt verloren. Er hat den Mut zum Leben verloren. Er fühlt sich im Leben verloren. Er fühlt sich heimatlos. Das Leben scheint ihn nicht mehr zu meinen. *Er sieht keinen Sinn mehr.*

Wer aber in einer Situation, in der sein bisheriges Netzwerk durchlöchert ist, auf die Sinnfrage, also auf diese wichtigste aller Fragen, keine Antwort (mehr) weiß, lebt in der Tat gefährlich. Warum?

Weil von der Antwort auf *diese* Frage die *Qualität* unseres Lebens abhängt, die seelisch-geistige nicht nur, die körperliche auch, auf Dauer jedenfalls. Warum ist das so?

Weil es keinen *stärkeren* Wunsch gibt als den nach einem sinnerfüllten Leben. Weil dieser Wunsch der *tiefste* im Menschen ist. Das weiß jeder, der unter Mangel an Sinn leidet. Das weiß jeder, der ein sinnerfülltes Leben führt. Das haben auch Wissenschaftler aus aller Welt herausgearbeitet, vor allem Viktor E. Frankl, der große Wiener Psychiater und Neurologe, dessen ganzes Lebenswerk diesem Problemfeld galt[1].

Was ist Sinn?
Sinn ist die *Hauptsache* im Leben –
ist das, was mich hauptsächlich betrifft –
ist das, was mich unmittelbar angeht –
ist das Wesentliche und Wichtige –
ist *der* Grund zum Leben –
ist das, wofür ich dasein und woran ich mein Herz hängen kann und will –
ist das, was mich aus-wärmt und aus-füllt,
ist das, was ich und nur ich für mich allein finden kann –
ist das, wodurch ich mit mir eins werde.

Nichts bewegt mich im Grunde mehr, nichts zieht mich mehr nach vorn, nichts fordert mich und jeden anderen mehr heraus als der Wunsch nach Sinn. Seine Verwirklichung bestimmt das *ganze* Leben, nicht nur das Gemüt. Das *ganze* Leben!
Der Wunsch nach sinn-vollem Leben verstummt nie, auch und gerade dann nicht, wenn ein Leben in die Krise gekommen ist. Man kann die Frage nach Sinn überhören, man kann sich ihr auch verweigern, aber auslöschen, auslöschen kann man sie nie.

[1] Siehe zum Beispiel Viktor E. Frankl: Der Mensch vor der Frage nach dem Sinn, München 1979

Welche Qualität von einem sinnerfüllten Leben ausgeht, erleben zum Beispiel Verliebte, deren Lebensgefühl den Gegenpol zu jenen Menschen darstellt, die gerade verlassen worden sind: Sie brauchen wenig Schlaf. Sie fühlen sich stark. Sie können »Bäume ausreißen«. Sie entwickeln ungeahnte Phantasien. Sie strahlen. Sie stecken andere mit ihrer guten Laune an. Sie sind offen und daher beliebt. Sie sehnen sich weder nach der Vergangenheit noch nach der Zukunft. Sie wissen, was sie hier und jetzt wollen. Sie leben *in* der Zeit.

Wer dagegen seinen Sinn verloren zu haben glaubt und daher in die vielleicht tiefste Krise seines Lebens geraten ist, steht nicht nur mit seiner Partnerschaft –, er steht mit seinem *ganzen* Leben am Scheideweg. Darum hängt vom Verlauf *dieser* Zeit keineswegs nur ab, wie das weitere partnerschaftliche und soziale Leben –, es hängt von ihr auch und im besonderen ab, wie die Lebensgeschichte *insgesamt* weitergeht. Gerade darin aber liegt die Chance dieser scheinbar nur trostlosen Zeit, daß der Verlassene die *Gunst* der Krise zu begreifen beginnt, mehr als bisher zu *sich* kommt, mehr als bisher zur Persönlichkeit mit eigenem Profil wird und mehr als bisher sein eigenes Leben *führt.* Und wer weiß, vielleicht wird in seiner Veränderung der Grund dafür liegen, daß der Partner, der gegangen ist, sich eines Tages zurückzusehnen beginnt. (Ob er dann noch gewollt wird, ist eine andere Sache.)

Fast jede Krise ist eine Chance

Wer einen geliebten Menschen verliert, der bis zur Trennung Mittelpunkt seines Lebens war, leidet tief. Er weiß nicht mehr weiter. Er sieht keinen weiterführenden Weg vor sich, der dem bisher beschrittenen vergleichbar wäre. Er befindet sich in einer Krise. Das ist so. Seit mir jedoch die *Polarität* als Grundgesetz des Lebens deutlich geworden ist, sehe ich Krisen und überhaupt das Schwere im Leben in einem neuen Licht. Wie sieht dieses Gesetz aus?

Alles Leben ist vom Wechselspiel polarer Strukturen bestimmt. Wir begegnen ihm überall. Es gibt den Tag und die Nacht, die Hitze und die Kälte, die Geburt und den Tod, die Natur und den Geist, den Mann und die Frau, die Liebe und den Haß, die Verzweiflung und die Hoffnung etc.

Wir würden nie Positives erleben, wenn es nicht Negatives gäbe. Wir würden nie Freiheit erleben, wenn es keine Unfreiheit gäbe. Wir würden nie Glück erfahren, wenn wir kein Leid erführen. Ein Stern strahlt nur auf dunklem Hintergrund. Das flutende Meer berauscht uns nur, weil wir die Ebbe kennen. Das Leben finden wir so kostbar, weil der Tod es begrenzt. Alles Gegensätzliche bedingt sich, gehört zusammen, ist im Grunde eine Einheit.

Aber: Wir wollen nicht das Negative, wir wollen nicht die Unfreiheit, wir wollen nicht das Leid – und übersehen dabei, was geradezu tragisch zu nennen ist, daß die »negativen« Dinge die *Voraussetzung* für die Möglichkeit sind, das

Positive, die Freiheit, die Hoffnung, das Glück und alle anderen sinn-vollen Dinge erfahren zu können. Am liebsten würden wir alles, was »negativ« ist, vermeiden, ausschalten, ausrotten oder wenigstens isolieren. Doch könnten wir es, dann lösten wir die innere Einheit der Gegensätze auf – und verlören unsere menschliche Identität.

So viele leid-volle Lebensprobleme resultieren aus dem Mißverständnis der Grundstruktur des Lebens! So viele schwere Stunden könnten wir anders verstehen und anders *erleben*, wenn uns deutlich wäre, daß wir nur dann kein volles Leben haben, wenn wir es nur zur *Hälfte* wollen. Die Suche nach Sinn bezieht sich auf *alle* Bereiche, auf die dunklen ebenso wie auf die hellen. Die Suche nach Glück konzentriert sich nur auf die hellen. Daher halbiert der, der nur das Glück sucht, sein eigenes Leben.

Weil aber alles Leben polar strukturiert ist, gibt es nicht nur die Krise, sondern auch deren Gegenpol: die *Entwicklung*. Die Entwicklung aus der Krise setzt allerdings dann erst ein, wenn sich der leidvolle Mensch mit ihr auseinanderzusetzen beginnt. »Jede Krise«, sagt Bijan Adl-Amini »ist ein schicksalhaftes Faktum. Das Krisenereignis bedeutet aber nicht das Ende, sondern meist nur eine Wende. Sie tritt ein, wenn wir die Krise als Chance zum Neubeginn begreifen.«[2]

Fast jede menschliche Krise ist eine Gunst. Fast jede Krise ist das Fieber der Seele, die ihren Sinn nicht (mehr) hinrei-

[2] Bijan Adl-Amini: Thesenblatt zum Vortrag: Erziehung zum Sinn, Davos am 14.6.1996. Siehe auch sein wichtiges Buch: Nachtstunden des Lebens, Krisen verstehen - Krisen bestehen, Freiburg i.B. 1992, S. 15 ff.

chend fühlt und daher auf neues sinnvolles Leben drängt. Fast jede Krise ist auch Aus-Druck von ungelebtem Leben, das darauf wartet, aus-gelebt zu werden. Fast jede Krise ist eine *Herausforderung* zum Leben. Und: Fast jede Krise macht deutlich, daß jeder Mensch immer »*mehr*« ist als das Problem, unter dem er leidet.

Wie jedoch die Wende aussehen könnte, ist für den, der sich in einer Krise befindet, längere Zeit nicht erkennbar, und gerade das macht sie zunächst so schwer. Denn worauf könnte man *hoffen* in einer solchen Zeit, in der doch alles fraglich geworden ist? Was ist überhaupt Hoffnung?

Hoffnung ist neben dem Wunsch nach Sinn der stärkste Beweg-Grund *jedes* Menschen. Sie gehört ursprünglich zu ihm. Sie ist etwas *spezifisch* Menschliches. Sie kann vergessen, verschüttet oder verdrängt sein – auflösen wird sie sich nie! Wer hofft, hat ein Gefühl für *werdendes,* sich *veränderndes* Leben. Er erwartet Neues: neue Möglichkeiten, leben zu können, neuen Sinn, neue Erfahrungen. Deshalb begrenzt der, der hofft, die Macht der alten, niederziehenden Erfahrungen. Er entwickelt einen *neuen* Blick für Leben, für sein eigenes und das Leben insgesamt.

Wer nicht zu hoffen wagt, sieht nur auf das, was war, und nicht auf das, was *werden* könnte. Er öffnet sich nur den *alten,* lebensarmen Erfahrungen und verschließt sich den neuen. Wer nicht zu hoffen wagt, glaubt nicht daran, daß sich eine Brücke zeigt, wenn er die Kugel der Hoffnung über den Fluß zu werfen wagt. Er gibt seinem eigenen Leben keine Chance.

Ein anderes Bild zur Hoffnung: Das Leben erscheint mir wie ein Strom. Ein Strom ist kein Kanal. Mit jeder Windung des Stromes verändert sich die Landschaft. Immer wieder tauchen unvermutet *neue* Türme, *neue* Burgen, *neue* Städte, *neue* Berge auf – jedenfalls für den, der nicht aus seinem Lebensboot aussteigt – weder innerlich noch äußerlich –, sondern auf dem Strom, Leben genannt, weiterfährt.
Worauf könnte man denn in der Krise hoffen? Darauf,

- daß *keine* Zeit der anderen gleicht –
  daß die alten Verletzungen die neuen Tage auf Dauer nicht dominieren *müssen* –
  daß Menschen sich in ihren Gedanken, Empfindungen, Gefühlen und Handlungen verändern können, besonders dann, wenn die Not es verlangt –
  daß Leben *Entwicklung* ist –
  daß *neue* Gründe für Leben sich oft dann erst zeigen, wenn sie tatsächlich gebraucht werden –
  daß gutes Leben manchmal auch von *außen* kommt –
  daß die Hoffnung sich manchmal von *selber* zeigt, vielleicht sogar dann, wenn die Hoffnungslosigkeit am größten ist.

Das klingt zu schön, wird der sagen, der gegenwärtig nichts als dunkle Schatten über sich entdecken kann. Doch wenn er fragen sollte, *wie* denn die Hoffnung gefunden werden könnte, wird er Antworten erhalten, die von leidenden Menschen selbst entwickelt wurden.
Hoffnung in trostloser Zeit läßt sich dadurch entwickeln,

- daß wir uns die *vergangenen* gelebten Hoffnungen vergegenwärtigen –
  daß wir uns darüber *empören*, was unser Leben heute leblos macht –
  daß wir nach den bisher *ungelebten* Wünschen fragen –
  daß wir auf anderes, hoffnungs-*volles* Leben sehen –
  daß wir die Hoffnung *tiefer* als bisher in uns selber suchen –
  daß wir uns fragen, ob wir so hoffnungslos *bleiben* wollen.

Mir selbst ist in Krisenzeiten die Unterscheidung *zweier* Formen von Hoffnung wichtig geworden: die *spezifische* und die *unspezifische.* Die erste ist auf Konkretes ausgerichtet, die zweite auf Unbestimmtes. Wer auf Konkretes hofft, hofft zum Beispiel auf die Überwindung einer Krankheit, auf einen neuen Arbeitsplatz oder auf die Wiederkehr des geliebten Menschen.
Die andere Hoffnung richtet sich auf *Unbestimmtes. Diese* Hoffnung scheint mir die hilfreichere der beiden zu sein, weil sie sich nicht im schmalen Land der Vor-Stellungen und Wünsche erfüllt. Sie fixiert sich nicht auf sie. Sie überschreitet deren enge Grenzen. Sie stellt nicht bestimmte Forderungen, *wie* künftiges Leben auszusehen hat. Sie hofft darauf, *daß* Leben weitergehen, gut weitergehen wird, so oder so. Sie stimmt dem zu, was C. G. Jung einmal so gesagt hat: »Es ist schwer zu denken, daß diese reiche Welt zu arm sein sollte«, um dem Menschen nichts »bieten« zu können, was sein eigenes Leben zu bereichern imstande wäre – und

das zu *jeder* Zeit. Die Welt biete *unendlichen* Raum für jeden – vorausgesetzt, man gebe den Widerstand gegen die Liebe zur Welt auf. [3]

Aber Hand aufs Herz: Löst nicht *gerade* der Verlust des wichtigsten Menschen tiefsten Widerstand dagegen aus, die trostlos gewordene »Welt« weiter oder wieder lieben zu *sollen*, besonders deshalb, weil sich Alternativen zum bisherigen Leben kaum oder gar nicht anzubieten scheinen?

[3] C.G. Jung: Grundwerk, Band 8, Olten und Freiburg i.B. 1987, 2. Aufl., S. 9

Der Widerstand dagegen, schon *kurz* nach dem Verlust des Partners nach neuer Hoffnung und neuem Sinn suchen zu sollen, ist verständlich. Die Suche ist auch gar nicht möglich. Sie ist deshalb nicht möglich, weil der Verlassene von unterschiedlichsten Gedanken und Gefühlen besetzt ist, deren Anfang und Ende er nicht mehr kennt oder zu kennen scheint.

Wieder konstruktiv nachzudenken beginnt er erst dann, wenn die Gedanken und Gefühle von Verzweiflung und Ausweglosigkeit, Schmerz und Trauer, Angst, Wut und Empörung, Anklage und Selbstanklage, Schuld und Scham, wenn auch die Wenn-und-aber-Sätze zur Sprache gekommen und *aus-gesprochen* worden sind, vielleicht gegenüber einem vertrauten Menschen (der auf Rat-Schläge verzichten kann), vielleicht auch, wenn es denn sein muß, gegenüber einem Therapeuten. Denn Sprache schafft *Beziehung* zu Glück und Unglück. Sie ermöglicht Klärung und Ordnung. Sie schafft Distanzierung von bedrängenden Gedanken. Und sie verhindert die Separierung solcher Gedanken und Gefühle, die später zu Widerständen auf der Suche nach neuen guten Lebenserfahrungen werden könnten.

Aber, werden Sie vielleicht sagen: Ist das nicht unfein, alles und jedes, was die Seele bewegt, zum Vorschein kommen zu lassen? Sollte man nicht lieber versuchen, so bald wie möglich die hochschäumenden Wogen zu glätten, damit sich das Leben wieder normalisiert? Bringt sich nicht der Verlassene möglicherweise um die Chance einer Aussöhnung, wenn er kurz nach der Trennung all das sagt, was er denkt und fühlt und der andere davon hört?

Ich verstehe diese Bedenken gut. Erlauben Sie mir jedoch, mich in diesem Fall auf meine Erfahrung zu berufen: In den meisten Menschen, die gerade ihren Partner verloren haben, ist ein ungeheurer Druck entstanden. Wenn sie sich *davon* nicht entlasten, behindert dieser Druck nicht nur den Zugang zu neuen Sinnerfahrungen, er kann auch einen solchen Gefühlsstau auslösen, daß die Seele in ihrer Not die Bewältigungsaufgaben an den Körper delegiert. Krankheit kann die Folge sein.

Außerdem: Der Mensch ist nicht nur ein Individuum, sondern auch ein Gemeinschaftswesen. Das bedeutet, daß wir *Zeugen* brauchen nicht nur für unser Glück, sondern auch für unser Unglück. Wenn ein Leid-voller einem anderen mit-teilt, was ihm zu schwer geworden ist und der Zuhörende das Schwere auf-nimmt, dann fühlt er sich entlastet. Was geschieht denn beim Zuhören?

Der (gut) Zuhörende hört *hin* auf das, was der andere sagt. Er hört sich *ein* in das, was ihm selbst vielleicht fremd ist. Er kommt nicht gleich mit Einwänden, Kritik oder Vorschlägen. Er nimmt den Leidenden mit (inneren) offenen Armen auf. Und der fühlt sich angenommen. Es ist, als habe der andere mit ihm nicht nur das Leid geteilt –, es ist, als habe er ihm für die Dauer des Gesprächs auch Heimat gegeben.

Wer verlassen worden ist, muß sich dem stellen, was *ist.* Je mehr er verschleiert, verleugnet, verdrängt –, je mehr er die

Augen vor dem verschließt, was in ihm und seiner Umwelt passiert, desto mehr verliert er die Kraft, die er dringend für die Bewältigung seiner Krise braucht. Auch wenn ihn das, worum es geht, schmerzt, auch wenn das Hinsehen auf die inneren und äußeren Ereignisse zunächst zu inneren und äußeren Turbulenzen führen kann, auch wenn »die anderen« ihn noch so sehr von seiner Not abzulenken versuchen (ab-lenken!): Wenn er aus-spricht, was seiner Meinung nach *wahr* ist, wird er bemerken, daß seine Seele aufzuhören beginnt, sich selber schwer zu machen.

Es genügt jedoch nicht, nur die gegenwärtigen Gedanken und Gefühle zum Aus-Druck zu bringen. Wichtig und wesentlich ist auch, der Rückschau auf die vergangene Partnerschaft genügend Raum zu geben. Denn alles, was wir uns bewußtgemacht und mit dem wir uns noch einmal auseinandergesetzt haben, bedeutet Zuwachs an Identität.

Blick zurück – und nicht nur im Zorn!

Wenn ein Wanderer nicht weiterweiß, wird er zunächst nach *vorn* schauen und die Richtung ausfindig machen wollen, in die er weitergehen könnte. Doch wenn er sie nicht findet, wird er sich vergegenwärtigen, *woher* er gekommen ist.

Das Leben gleicht einer Wanderung. Deshalb wird der verlassene und orientierungslos gewordene Mensch *auch* danach fragen müssen, wie »alles« gekommen ist, damit er sich aus der Fixierung auf die gegenwärtige Not befreien und seinen weiteren Weg finden kann.

Drei einfache Fragen, die in die Vergangenheit gerichtet sind, können weiterhelfen. Doch Sinn macht die Beschäftigung mit ihnen nur dem, der sich Zeit dafür nimmt:

1. Was hat mir mein *Partner* »angetan«?
2. Welche Probleme habe ich mir *selbst* zuzuschreiben?
3. Was verdanke ich meinem Partner?

Bevor wir uns diesen Fragen zuwenden, ist wieder ein Einwand zu entkräften. Eine oft gestellte Frage lautet: Lohnt es sich überhaupt, in der Vergangenheit »herumzuwühlen«? Ist nicht die vergangene Zeit »Schnee von gestern«? Werden nicht *gerade* durch die Beschäftigung mit dem, was war, die alten Wunden vertieft oder wieder aufgerissen? So könnte man denken. Doch getrennt Lebende wissen, daß zwar die alten *Ereignisse* vergangen sind, keineswegs aber die mit ihnen verbundenen *Empfindungen* und *Gefühle!*

Warum ist das so? Weil das Unbewußte die mit den Ereignissen verbundenen Empfindungen und Gefühle *speichert* und weil wir erst dann Frieden finden, wenn wir zu dem, was war und was wir verinnerlicht haben, noch einmal Stellung beziehen. Stellung beziehen? Ja, wenn wir noch einmal – aus einem gewissen *Abstand* heraus und unter *verändertem* Blickwinkel – eine *neue* Beziehung zu dem Gewesenen schaffen.

Gilt das nur für das Schwere? Nein, das gilt nicht nur für das Schwere. Das gilt auch für das Leichte, Schöne und Gute, das ein getrennt Lebender gegenwärtig so schmerzvoll vermißt. Und was kommt dabei heraus, wenn ein Mensch, der verlassen worden ist, sich in die *guten* Zeiten vertieft und auch dazu noch einmal Stellung bezieht? Ein *neues* Gefühl, das mit *Dankbarkeit* zu umschreiben ist, Dankbarkeit dem Leben gegenüber. Warum? Weil durch *diese* Rückbesinnung deutlich wird, daß die vergangene Zeit *auch* eine kostbare war. Dankbarkeit, das ist die Folge der Besinnung auf gelebtes, gehaltvolles und sinnerfülltes Leben. Sie sensibilisiert für die Wahrnehmung gelebter Werte und gelebten Sinns trotz Leiderfahrung. Wer nicht nur zornig, sondern auch dankbar sein kann im Blick auf das, was war, weiß und fühlt, daß er diese Zeit nicht vergeblich gelebt hat.

Nun zu den Fragen:

Zur *ersten*: Was hat mir mein *Partner* »angetan«?

Wieder einmal sitzt sie abends allein im Wohnzimmer. Nie-

mand ruft an. So ist das eben, denkt sie: Wer allein ist, ist halt nichts mehr wert. Halblaut und bitter sagt sie das. Zugleich bemerkt sie – das ist ihr sehr peinlich –, daß sie in letzter Zeit viel mit sich selber spricht.

Dieser verfluchte Kerl, hört sie sich wieder laut sagen, was hat der mir nur angetan! Dann, leiser: Ja, was hat er mir denn angetan?

Szenen ihrer Ehe werden lebendig, zum Beispiel diese: Kurz nach ihrer Hochzeit waren sie zu einer Silvesterfeier eingeladen. Beide hatten sich auf den Abend gefreut. Kurz bevor sie das Haus verließen, war es jedoch zum Streit gekommen. Sie hatte ihn wegen der Wahl seines Schlipses »gerügt«, wie er später sagte. Dabei hatte sie doch nur stolz auf ihn sein und ihn nicht mit diesem unmöglichen Ding loslaufen lassen wollen. Ein banaler Streit also!

Die Folgen waren allerdings furchtbar gewesen. Den ganzen Abend hatte er sie kaum eines Blickes gewürdigt. Stattdessen hatte er die Silvesternacht mit einer wildfremden Frau verbracht, deren aufreizender Rückenausschnitt ihn zweifelsfrei mehr gereizt hatte als der Wunsch, mit ihr Frieden zu schließen. Sie hatte sich so geschämt –, vor allem dann, als zu allem Überfluß die Gastgeberin sie beiseite genommen und ihr gesagt hatte: »Schauen Sie, Liebes, Männer sind nun einmal so. Klug ist, wer sich so früh wie möglich daran gewöhnt.« Und als sie ihn am Neujahrstag zur Rede gestellt hatte, hatte er nur mit den Schultern gezuckt und gesagt: »Ein bißchen Strafe mußte schon sein.«

Szenen einer Ehe, zum Beispiel auch diese: *Einmal im Jahr*

traf sich seine Großfamilie. Sie selbst konnte sich nie auf diesen Tag freuen. Denn ihre Schwägerinnen waren darauf neidisch, daß sie Karriere gemacht hatte. Das vorletzte Treffen war besonders unangenehm gewesen. Eine dieser Ziegen hatte sie im großen Kreis ganz unvermittelt gefragt: »Sag mal, bist du deshalb die Karriereleiter heraufgefallen, weil dein Chef auf dich hereingefallen ist?« Alle hatten laut gelacht – auch ihr Mann! Ihr war alles andere als zum Lachen zumute gewesen. Und als ihr vor lauter Scham die Tränen gekommen waren, hatte er nur gesagt: »Stell dich nicht so an!« Auch diesen Satz hatten alle gehört.

Auch diese Erinnerung kommt ihr wieder: Das erstes Kind war gerade geboren worden. Wie sie sich darauf gefreut hatte, mit Mann und Kind gemeinsam nach Hause zu fahren! Doch er – er hatte ihr lediglich ein Taxi bestellt und ausrichten lassen, er könnte wegen eines unvorhergesehenen Geschäftsbesuches leider nicht kommen. Und als er spät abends nach Hause gekommen war, hatte er sich mit einer mächtigen Alkoholfahne über die Wiege gebeugt.

Diese und ähnliche Erinnerungen kommen ihr. Stunde um Stunde vergeht. Plastisch sieht sie die Orte vor sich, an denen sie gelitten hat. Deutlich hört sie die verletzenden Stimmen, als verwundeten sie sie jetzt. Scham, Enttäuschung, Schmerz, Druck von damals empfindet sie so, als erlebte sie deren Anlässe in diesem Augenblick.

Doch ist da noch etwas anderes in ihr. Langsam kommt es näher. Schließlich bricht es sich Bahn und steigt in ihr auf: Wut, Wut darüber, was er ihr im Lauf der Jahre zugemutet hat. Wie konnte er sich erdreisten, so mit ihr umzugehen? Was hatte er sich nur dabei gedacht? Hatte er sich überhaupt etwas dabei gedacht? Und dann hatte dieser Kerl es noch gewagt, immer wieder mit ihr ins Bett zu gehen! Selbst dann, wenn sie ihm noch gar nicht verziehen hatte! So hatte sie sich die Ehe wahrlich nicht vorgestellt! Wäre der Typ doch jetzt hier! Welche Lust, ihm alles um die Ohren zu hauen!

Nein, sie weint nicht. Kerzengerade sitzt sie am Küchentisch. Da fällt ihr Blick auf die rechte Wand, an der noch immer sein Bild hängt. Schnurstracks geht sie darauf zu, reißt es ab und zertritt es auf dem Boden. Das tut gut!

Allmählich beruhigt sie sich.

Ihr ist ganz heiß geworden. Sie geht ans geöffnete Fenster, atmet tief die klare Nachtluft ein. Es wird still in ihr. Die Gedanken scheinen ihr aus dem Weg zu gehen. Lange bleibt sie dort stehen. Nein, hört sie sich nach ein paar Minuten sagen, ich habe nicht das Beste im Leben verloren. Und noch einmal, bekräftigend: Nein, das habe ich nicht!

In dieser Nacht schläft sie spät ein. Ruhig liegt sie da. Es ist, als bilde sich in ihrer Tiefe, noch gar nicht sichtbar, noch gar nicht beschreibbar, ein neues Gefühl, ein neuer Boden, eine kleine neue Hoffnung.

Es ist schon seltsam: Oft sind wir erst dann bereit, uns *selbst* unter die Lupe zu nehmen, wenn wir uns über den, der unserer Meinung nach nicht gut genug mit uns umgegangen ist, ausreichend ausgeklagt und ausgeschimpft haben. Warum ist das so? Weil unser Unrechtsbewußtsein im Blick auf andere weit ausgeprägter ist als uns selbst gegenüber. Und warum ist *das* so? Weil wir zu anderen äußerlich und innerlich mehr Abstand haben als zu uns selbst. Auch unsere Augen sehen ja bekanntlich nicht uns, sondern andere, und das gilt, wenn auch eingeschränkt, auch für die inneren.

Zur zweiten Frage: Welche Probleme habe ich mir *selbst* zuzuschreiben?

Zögernd schlägt sie das Fotoalbum auf. Flüchtig blättert sie von vorn nach hinten. Es fällt ihr schwer, bei einem Bild zu bleiben. Schließlich gibt sie sich einen Ruck und will »es« wissen. Was denn? Sie legt das Album noch einen Augenblick beiseite und schließt die Augen.
Was also will sie wissen? Sie will wissen, warum um alles in der Welt er sie verlassen hat. Will sie's wirklich wissen? Einen Augenblick noch leistet sie Widerstand, dann sagt sie, fast trotzig, als säße er ihr gegenüber: Ich will wissen, was ich falsch gemacht habe.
Sie schlägt das Album auf. Die ersten Bilder sind Urlaubsfotos. Eng umschlungen wandern sie am Strand. Beide sehen glücklich aus. Im Hintergrund tollen die Kinder. Ein zufällig vorbeikommender Herr hat die Aufnahmen gemacht. Es scheint, als habe er nicht genug Bilder von diesem Glück einfangen können.
Auf einem der weiteren Fotos gehen sie wieder am Strand. War das nicht ein Jahr später? Er hat seinen Arm um ihre Schulter

gelegt und sieht sie verliebt an. Sie sieht geradeaus. Sie lächelt nicht. Sie sieht aus, als wäre sie lieber allein. Was war denn da gewesen? Wieder legt sie das Album beiseite und sucht in ihren Erinnerungen. Die alten Bilder kommen wieder: Am Vorabend hatten sie an der Hotelbar gesessen und Sangria getrunken. Im Hintergrund hatte eine Band zärtliche Musik gespielt …

Sie sah ihn liebevoll an, wollte die Gunst der Stunde nutzen. Schau, du bist so begabt, begann sie, könntest mühelos Karriere machen … Er sah sie verwundert, dann fassungslos an, konnte nicht glauben, daß sie ihm ausgerechnet jetzt mit ihrem Lieblingsthema kam. Doch seine Verwirrung dauerte nur einen Augenblick. Er zog ihren Kopf zu sich herüber und wollte ihr die weiteren Worte vom Munde küssen. Brüsk stieß sie ihn zurück, sagte nur: Laß das! Der Abend war »gelaufen«. Schweigend gingen sie auf ihr Zimmer, schweigend saßen sie da. Später hörte sie ihn sagen: Warum soll ich sein, wie du mich haben willst? Beide schliefen in dieser Nacht kaum. Er war es am nächsten Morgen, der den Urlaubstag zu retten versuchte, nicht sie. Kurz danach war das Foto entstanden.

Warum nur soll ich sein, wie du mich haben willst? Sie hört seine Stimme. Sie klingt wenig anklagend, eher traurig, fast verzagt. Wollte sie ihn denn tatsächlich so haben, wie sie es wollte? Im Prinzip natürlich nicht, aber im Grunde schon, gesteht sie sich ein. Er hätte doch wirklich mehr aus sich machen können! Beruflich jedenfalls.

Was hat er denn sonst aus sich gemacht? fragt sie weiter. Leicht fällt es ihr nicht, zu diesem Zeitpunkt darauf zu antworten: Er ist schon sehr liebenswert, gesteht sie sich ein. Er ist schon sehr warm. Es tut schon gut, in seiner Nähe zu sein. Er ist nicht einer, der nur Zahlen im Kopf hat. Er ist schon ein richtiger Mensch.

Und warum hatte sie nicht mit dem zufrieden sein können, was er ihr gegeben hatte? Wie oft hatte auch Sonja ihr gesagt: Wie viele Frauen von Karrieregeiern würden liebend gern mit dir tauschen! Sonja wußte, wovon sie sprach. Übrigens war sie die einzige Freundin, die kein böses Wort über ihn verlor.

Sie steht auf, schaut durchs Fenster in den Abendhimmel. Wo er wohl ist? Was er jetzt macht? Ob er manchmal an sie denkt? Ob er auch an sie denkt, wenn die andere bei ihm ist? Ob sie jetzt bei ihm ist? Sie wischt die Gedanken beiseite und setzt sich wieder.

Ihr Blick fällt auf ein Bild, das ihr Junge mit seiner neuen Kamera gemacht hat. Es stammt aus einer Zeit, in der er noch keine Freundin hatte. Er hatte sich gegen dieses Foto gewehrt. Sie weiß auch noch den Grund: Sie hatten miteinander auf der Couch gesessen. Da hatte sie zu ihm gesagt: Früher warst du viel zärtlicher zu mir. Er hatte darauf geantwortet: Früher fühlte ich mich auch von dir geliebt. Sie: Früher warst du kerniger, heute bist du alles andere als das. Er nach langer Zeit: Du ahnst ja nicht, wo diese und andere Stiche bei mir landen. Ach du Armer, hatte sie gehöhnt und ihn wie eine Mutter getätschelt.

Warum nur war sie oft so biestig gewesen? Selbst die Kinder hatten das eine und andere Mal gesagt: Mama, sei nicht so frech zu Papa! Wahrscheinlich hab ich ihn häufiger gekränkt, als ich's wollte. Aber: Warum hat er sich nicht zur Wehr ge-

setzt, sich nicht wie ein richtiger Mann benommen? Fast erschrickt sie bei diesem Gedanken. Wollte sie denn wirklich einen »richtigen« Mann – einen also, der ihr gezeigt hätte, daß sie »nur« eine Frau ist? Waren seine unscheinbaren Reaktionen auf ihre Ausbrüche nur Schwäche, waren sie vielleicht auch – Ausdruck seiner Liebe gewesen?

Was habe ich mir *selbst* zuzuschreiben? Wer in die Krise geraten ist, sich deren Entwicklungsgeschichte vergegenwärtigt und sich dieser Frage nicht verschließt, schafft damit eine ganz wichtige Voraussetzung für die Wende der Krise. Warum?

Leben ist ein großes Netzwerk, dessen Elemente sich wechselseitig beeinflussen. Anschaulich wird dieses Netzwerk in der Beziehung von Mensch zu Mensch, besonders jedoch in der Partnerschaft. Und die Art, *wie* sie gelebt wird, entscheidet bekanntlich allzuoft über Glück oder Unglück. Das Unglück jedoch ist großenteils die Folge unseres Mangels an *Eigenverantwortlichkeit.* Dieser Mangel hat seine Wurzel vor allem in der *Projektion.* Dieses bläßliche Wort weist auf einen inner- und zwischenmenschlichen Vorgang von kaum übersehbarer Tragweite hin. Der Vorgang selbst ist uralt, das Verständnis dafür jedoch so jung, als sei er gerade erst entdeckt worden. Statt den Begriff zu definieren, will ich lieber beschreiben, welche Folgen die Projektion hat.

Wenn ich projiziere, *wenn ich also meine nicht geklärten und mich deshalb störenden Empfindungen und Gefühle von mir auf andere schiebe,* dann bin ich nicht mit mir eins, bin ich gespalten, belaste ich andere, weiche ich aus, bin ich nicht offen, bin ich nicht frei, bin ich nicht verantwortungsbewußt.

Wenn ich projiziere, dann bin ich nicht gemeinschaftsfördernd, liebe ich andere nicht, liebe ich auch mich nicht, bin ich von anderen getrennt, trennen sich andere von mir, verliere ich die Achtung der anderen, verliere ich die Achtung auch vor mir selbst.

Wenn ich projiziere, begünstige ich seelische und körperliche Störungen, vertieft sich in mir die Angst, vertieft sich in anderen die Angst vor mir, weitet sich die Angst aus, verliere ich die Hoffnung, verliere ich die Möglichkeit, meine Persönlichkeit zu erweitern.

Wenn ich projiziere, drängt mich die Angst, meine bedrängenden Empfindungen und Gefühle und die damit verbundenen Probleme *wieder* von mir auf andere zu schieben. So beginnt der Teufelskreis aufs Neue.

Wenn ich mich dagegen auf die Frage ein-lasse, was ich mir in der Beziehung zu anderen und im besonderen zu meinem Partner *selbst* zuzuschreiben habe, und also auf Projektionen verzichte, formt sich in mir jenes Gefühlt der Eigenverantwortlichkeit, das stark genug ist, um in »guten wie in schlechten Tagen« Leben mit Anstand bestehen zu können.

Zur dritten Frage: Was *verdanke* ich meinem Partner?

Nein, diese Frage stellt niemand, der gerade verlassen worden ist. Zu groß ist die Trauer in dieser Zeit, zu heftig die Aggression, zu tief die Verzweiflung, als daß diese Frage

Raum hätte. Doch irgendwann, wenn diese Gefühle abklingen, sind Antworten darauf wichtig. Warum? Weil es um den *Sinn* der vergangenen Zeit geht und damit um die Hauptsache im Leben. Weil sich die Frage stellt, ob die Jahre vergeblich gewesen und daher verloren sind. Weil die Verdrängung sinnvoller Zeiten ein Zerrbild der Lebensgeschichte – oder doch wenigstens eines Teiles davon – entwerfen würde. Läßt jedoch der verlassene Partner den Gedanken (wieder) zu, daß er von seinem ehemaligen Lebensgefährten nicht nur enttäuscht oder verwundet, sondern auch beglückt und gefördert wurde, dann wachsen ihm im Lauf der Zeit – so veranschaulichte es einmal der Traum einer Frau – auf dem Grab der verlorenen Liebe rote Rosen.

Ihr kommen Erinnerungen: Es war der 17. November. Der Tag war trüb. Sie hatte soeben ihr Examen bestanden. Er stand vor der Uni und wartete auf sie. Schon von weitem sah er, daß sie nicht glücklich aussah. Offenbar war das eingetroffen, was sie befürchtet hatte. Das Ergebnis entsprach nicht ihren Erwartungen. Da nahm er sie in seine Arme, bevor sie etwas sagen konnte, wischte ihr behutsam die ersten Tränen vom Gesicht und sagte nur: Du siehst bezaubernd aus. Da ging ein Lächeln über ihr Gesicht.
Jahre später geschah das: Sie saßen bei Freunden an einer festlich geschmückten Tafel. Der Abend hätte schön werden können, wäre da nicht diese häßliche intellektuelle Ziege gewesen, die auf allen Festen hübsche Frauen bloßzustellen versuchte. An jenem Abend beugte sich ihr das Biest entgegen und sagte so

laut, daß alle es hören konnten: Wie bist du damals damit zurechtgekommen, daß dein Examen so glanzvoll nicht war? Das würde mich doch sehr interessieren.

Sie errötete bis unter die Haarspitzen und suchte vergeblich nach einer passenden Antwort auf diese Unverschämtheit. Da legte er ihr ruhig die Hand aufs Knie, ohne daß jemand es bemerkte, wandte sich der taktlosen Frau zu und sagte: Was ich dich schon lange fragen wollte: Wie schläft es sich nach solch boshaften Sätzen, mit denen du immer wieder unsere Feste verdirbst? Das würde mich doch sehr interessieren.

Die Gäste schwiegen betreten. Doch er – er strahlte sie an und sagte laut: Komm, mein Schatz, wir sollten uns nur dann solchem Gift aussetzen, wenn wir es partout nicht vermeiden können.

So hatte sie ihn noch nie erlebt, so mutig, so couragiert, so »mannhaft«. So stark war er für sie gewesen! Ja, so hatte er auch sein können. Seit diesem Abend waren sie eine längere Zeit glücklich gewesen …

Auch daran dachte sie: Vor drei Jahren wollte sie sich eine Krampfader entfernen lassen, weil sie annahm, er fände sie deshalb weniger attraktiv. Da nahm er ihr Bein in seine Hände und sagte: Wärest du nicht so klug, würde ich dich jetzt »Dummerchen« nennen. Für mich bleiben deine Beine die schönsten der Welt, ob du sie entkrampfen läßt oder nicht. Basta! Ob du das glauben kannst?

Was hat sie ihm zu verdanken? So wenig nicht, denkt sie, wahrscheinlich sogar das Wichtigste: Über lange Zeit hat er sie wirklich geliebt. Diese Erfahrung, das wird ihr klar, möchte sie

niemals missen. Nein, vergeblich war die Zeit mit ihm nicht gewesen.
Sie legt den Kopf in beide Hände. Und doch ist die Ehe gescheitert, denkt sie weiter. Daran gibt's nichts zu rütteln. An sich selbst ist sie gescheitert und auch an ihm. Doch seltsam: Da kommt keine Verzweiflung mehr auf, keine aufschäumende Wut, gegen sich nicht und auch nicht gegen ihn. Ganz ruhig wird es in ihr. Nur einen warmen Schmerz verspürt sie – und Klarheit. Und die tut ihr gut.

Ob alte Wunden heilen können? Ganz gewiß, viele jedenfalls. Ob sie heilen können, hängt allerdings von mehreren Faktoren ab. So kann die Auseinandersetzung mit der Vergangenheit die früheren Schmerzen überwinden helfen. Auch der Flugsand der Zeit überzieht manches, was wehtat, und trocknet alte Wunden aus. Ebenso kann jemand, der uns liebt – und das muß keineswegs immer ein Partner sein –, manches »vergessen« lassen, was zu schwer für uns war. Dann vor allem dieses: Je lebensvoller die Gegenwart ist, desto mehr wird das Alte vom heute gelingenden Leben überspült.
Aber machen wir uns nichts vor: Wenn die Wunden der Seele heilen, können trotzdem Narben bleiben. Und sie bleiben, wenn Menschen, die wir liebten, uns verließen. Wenn wir jedoch die Narben anzunehmen beginnen, werden unsere Klagen leiser.
Manche Wunden heilen nicht. Sie tun auch immer wieder weh. Für die einen sind sie die Ursache zur Resignation, für

die anderen dagegen eine *Herausforderung, viel mehr noch als bisher* in der Gegenwart zu leben. Gewiß, ein Verlassener braucht Zeit, um die Schmerzen loslassen zu können. Der Prozeß läßt sich jedoch abkürzen, wenn sich der Leidende ein-denkt und ein-fühlt in diese wichtige Frage: *Was wäre, wenn ich (nach der Auseinandersetzung mit dem, was war) das vergangene Leben sein ließe?* Für mich ist die Frage: *Was wäre, wenn …* , sofern sie positiv gewendet ist, zu einem der wichtigsten Gedanken-Anstöße geworden. Stelle ich sie, richte ich mich auf ein Ziel oder einen Wert aus. Ziele oder Werte aber werden in hohem Maße attraktiv, also *anziehend,* magnetisch, wenn ich mich nach ihnen ausstrecke.

○ *Was wäre, wenn ich das vergangene Leben sein ließe?* Mir fällt dazu ein:
Ich lebte nicht mehr in verschiedenen Zeiten –
ich ginge in der Gegenwart auf –
ich wäre geistes-gegenwärtig –
ich lebte jetzt und hier und heute –
ich nutzte die Gunst der Stunde –
ich nutzte die vor-handenen Möglichkeiten –
ich wäre gesammelt und bei der Sache –
ich wäre nicht gespalten –
ich wäre mit mir eins und bei mir selbst –
ich könnte zu mir stehen und hätte Stehvermögen –
ich wäre frei, frei für mein Leben –
ich lebte (wieder) *in* der Zeit.

Was aber ist mit denen, die sich schwer, *zu* schwer tun mit der Verabschiedung von ihrem alten Leben? Da ich in der Praxis immer wieder vor dieses Problem gestellt bin, habe ich Fragen gesammelt, deren Beantwortung den Grenzübergang von der Vergangenheit zur Gegenwart erleichtern könnten, vorausgesetzt, man denkt sich in sie ein und läßt sie auf sich wirken:

- Warum, würde ich mich fragen, kann ich das alte Leben nicht sein lassen?
  Weil ich meinen Partner *noch immer* liebe?
  Weil ich von meiner *Anklage* gegen ihn nicht loskomme?
  Weil ich auf meine *Rachegefühle* nicht verzichten kann?
  Weil ich ihn nicht aus der *Verantwortung* für mich entlassen will? Weil ich *selbst* die Verantwortung für mein Leben nicht übernehmen will?
  Weil ich vom Leben *beleidigt* bin und deshalb keine Hoffnung mehr zulasse?
  Weil ich mein *Lebensdrama* nicht loslassen will?
  Weil ich mit meiner *Schuld* nicht fertig werden kann?
  Weil ich damals viel mehr vom Leben hatte?

Das Eingeständnis des Scheiterns als erste befreiende Tat

Erlauben Sie mir die banal scheinende Auskunft, daß die Unvollkommenheit nicht aus der Welt geschafft werden kann. Der Grund dafür liegt, wie wir bereits gesehen haben, in der Polarität des Lebens. Diese natürlichste aller Gegebenheiten wird allerdings viel zu wenig beachtet. Das ist grotesk.

Diese Welt *ist* ambivalent, doppelpolig, ist also nicht der Himmel und – Gott sei Dank! – auch nicht die Hölle. Deshalb gibt es keine einwandfreie Mutter und keinen einwandfreien Vater, keine makellosen Kinder und keine makellosen Alten, keine vollkommene Liebe und keine vollkommene Freiheit, keinen perfekten Partner und keine perfekte Partnerin. Es gibt auch die Lüge und den Verrat, die Resignation und die Angst, die Ungerechtigkeit und die Schamlosigkeit, die Erfüllung – und das *Scheitern.* Und nur wer über einen kräftigen Schuß Naivität verfügt, wird leugnen, daß auch er an dieser polar bedingten Unvollkommenheit teilhat. Sie bleibt unser Geschick, solange wir leben. Und deshalb müssen wir mit ihr rechnen – zu jeder Zeit, an jedem Ort, in jeder Situation.

Scheitern nenne ich deshalb ein Existenzial, das heißt ein zu jedem menschlichen Leben gehörendes Phänomen. Scheitern ist eine menschliche Seinsweise; zwar eine, die wir nicht wollen und gegen die wir uns mit aller Macht zur Wehr setzen, die aber in uns angelegt ist.

Es gibt ein *offenkundiges* Scheitern, zum Beispiel dann, wenn eine Partnerschaft zerbricht. Es gibt allerdings auch – das sei ein Trost für alle, deren Scheitern öffentlich geworden ist – ein *geheim* bleibendes Scheitern, dann zum Beispiel, wenn ein Mann seine als schrecklich empfundene Ehe aufrechterhält, nur weil er den erworbenen Besitz im Falle einer Scheidung zu teilen hätte. Dann ist er zwar gesellschaftlich nicht gescheitert, wohl aber an seiner eigenen Existenz (ganz davon abgesehen, daß ein Mensch, der nur um seines Besitzes willen bei seinem Partner bleibt, ihm eine schwer erträgliche Lebenslüge zumutet und darum auch moralisch scheitert).

Das wäre bereits ein erster wichtiger Schritt aus der Krise, wenn sich jemand, der seinen Partner verloren hat, zum *Eingeständnis* des vorläufigen oder endgültigen Scheiterns seiner Beziehung entschließen könnte. Denn gerade das wäre, so seltsam es klingen mag, Ausdruck neuer *Freiheit* und daher eine weitere wichtige Bedingung für die Wende der Krise. Warum?

Weil durch ein solches Eingeständnis die *Verdrängung* der Tatsache des Gescheitertseins aufgehoben würde. Würde aber die Verdrängung aufgehoben, würden neue Kräfte frei, *weil nichts mehr unsere Kräfte bindet als der Widerstand gegen das, was wahr ist.* Wenn ich mir eingestehe, was *tatsächlich* ist, beginnen die Lebensgeister ihre Schwingen wieder auszubreiten. Wer sein Scheitern eingesteht, braucht nicht länger auf das zu sehen, was war. Sein Blick wird frei für das, was *kommt.* Nach aller Noterfahrung ist das Leben wieder

offen. Es gibt Parallelen in anderen Lebensbereichen:
Wenn jemand zum Beispiel einen physischen Schmerz kaum noch aushalten kann, den Widerstand gegen ihn aufgibt und sich *in* den Schmerz fallen läßt, kann es sein, daß sich der Schmerz verringert. Oder: Wenn jemand den Kampf gegen seine depressiven Verstimmungen aufgibt und sich in seine innere Dunkelheit fallen läßt, kann die bewußt vollzogene Kapitulation – jedenfalls für eine gewisse Zeit – das Leiden mindern. Oder: Wenn die äußeren Lebensumstände eines Menschen katastrophal geworden sind, zum Beispiel durch einen Konkurs, und alle Lösungsversuche fehlschlugen, kann die bewußt gehißte »weiße Fahne« zwar nicht gleich die äußere, wohl aber die innere Situation verändern.
Scheitern gehört zum Leben. Doch nicht das Scheitern selbst ist das Kernproblem, sondern die *Weigerung*, es als eine Tatsache anzuerkennen. Wie könnte *sie* überwunden werden?

Die Freundin hat sich verabschiedet. Wie so oft in den letzten Wochen haben die beiden über »ihn« gesprochen, über »diese« Frau, seine neue Freundin und auch darüber, ob denn wirklich alles aus sei.
Sie sitzt in ihrem Sessel, die Beine übereinandergeschlagen, eine Zigarette in der Hand. Sie hat ein merkwürdiges Gefühl. Irgendwie hat ihr der Besuch heute nicht gutgetan. Ihr ist, als habe sie gewonnenen Boden wieder verloren. Ob sie doch wieder darauf hoffen soll, daß er wiederkommt? Sie weiß es nicht.

Sie weiß es wirklich nicht. Jedenfalls quält die Frage sie wieder, bohrt sich in sie ein, läßt sie nicht in Ruhe. Aber hat er nicht deutlich gesagt, daß er ihre »Art« nicht mehr ertragen kann? Was war denn so schlimm an ihrer »Art«? begehrt sie noch einmal auf. Gewiß, sie hatte ihn oft kritisiert: daß er nicht ordentlich genug und »immer« unpünktlich sei, daß er beruflich nicht weiterkomme, daß er ihrem Vater – ja, auch das hatte sie ihm einmal gesagt –, nicht »das Wasser reichen« könne, daß sie zu wenig miteinander unternähmen, daß er im Bett viel zu schnell sei … Sie hatte ihn tatsächlich oft kritisiert. Aber war sie nicht in allen Punkten im Recht gewesen? Zweifellos hatte sie Fehler gemacht. Aber rechtfertigte das etwa seinen »Abgang«? Hätte er ihr nicht viel früher sagen müssen, was in ihm vorging? Hätten sie nicht, wenn er den Mund frühzeitig aufgemacht hätte, ernsthafter miteinander reden können? Sie wäre ja zu Kompromissen bereit gewesen!

Leise spielt das Radio. Sie hat es in der letzten Zeit oft angeschaltet – und meistens nicht hingehört. Jetzt hört sie hin. Denn da wird das Lied gespielt, das sie beide besonders mögen. Es ist ihr Lied. Sie springt auf und will die Aus-Taste drücken. Doch sie setzt sich wieder und weint.

Ob er sie je wirklich geliebt hat? Sie sieht seine Augen vor sich, als sie das letzte Mal nach dieser Melodie tanzten. So warm waren sie gewesen, so verliebt hatte er sie angeschaut. Wie lange war das her? Noch gar nicht so lange …

»Ich kann deine Art nicht mehr ertragen«, hört sie ihn wieder sagen. Ob er so stark unter ihr gelitten hatte? Und wenn das so gewesen wäre? Hatte nicht sogar ihr Vater einmal halb im

Scherz, aber eben nur halb im Scherz gesagt: »Mit dir möchte ich nicht verheiratet sein. Du bist eine alte Meckertante … «? Hatte sie selbst ihr Glück verspielt?
Ja und Nein. Sie ist des Nachdenkens müde, so müde. Sie hat sich im Lauf der Zeit leer gedacht. Vieles ist ihr klar geworden, vieles nicht. Er hat vieles gut gemacht, sie auch. Sie hat vieles falsch gemacht, er auch.
Wer hat Schuld? Beide. Schuld?
Einerseits paßt dieses Wort, denkt sie, andererseits paßt es nicht. Jedenfalls wird ihr klar, daß die Schuldfrage niemals wird beantwortet werden können. Und sie ahnt, daß hinter dieser Frage nicht nur die nach der Wahrheit steht, sondern auch der nicht eingestandene Wunsch, sich selbst zu rechtfertigen und den anderen anzuklagen.
Bevor sie sich nun zum tausendsten Mal in den wüsten Strom ihrer Gedanken hineinziehen läßt, schlägt sie mit ihrer kleinen Hand auf den Tisch und sagt laut: Ich bin gescheitert, du bist gescheitert, wir sind gescheitert. Das ist es!
Ohne es zu bemerken, atmet sie tief durch. Es ist, als falle ihr ein Stein vom Herzen. Endlich hat sie Klarheit – Klarheit jedenfalls darüber, daß ihr gemeinsamer Weg ans Ende gekommen ist – warum auch immer. Darüber macht sie sich von nun an nichts mehr vor.

Gibt es verlorene Jahre?

Wenn klar ist, daß eine Ehe oder eine wichtige Beziehung zerbrochen ist, kommt oft die Frage auf, ob nicht die vergangenen Jahre mit dem Partner sinnlos gewesen und daher verloren seien. Besonders dringlich stellt sie sich selbstverständlich für den, der davon überzeugt ist, daß er seinem früheren Partner wenig oder nichts verdankt. Und wer ein solches Fazit zieht, kann in der Tat resignieren.

Was ist Resignation, und welche Folgen hat sie?

Resignation ist vor-zeitige Beendigung der Suche nach *den* Möglichkeiten, die noch *unentdeckt* in den *künftigen* Situationen des Lebens liegen. Resignation ist kraftlos-trotzige Abwehr und Verweigerung weiterer Suche nach sinnvollem Leben. Wer resigniert, gibt auf: sich selbst, andere, die Welt – und damit gibt er auf, was jeder Mensch vor allem braucht: die Hoffnung auf neues gelingendes Leben. Sicher ist Resignation eine verständliche Reaktion, wenn eine gewollte Beziehung gescheitert ist. Aber Resignation ist kein Grund zum *Leben!* Sie ist nichts als ein trister Gefühlszustand – und das ohne Perspektive. Dauert sie zu lange, besetzt sie immer mehr das Gemüt, dann entwickelt der in der Krise gefangene Mensch zu allem leidvollen Überfluß auch noch ein ihr *verwandtes* Gefühl. Dieses Gefühl aber hemmt Leben wie kaum ein anderes. Ich meine das Selbstmitleid, das unter den Faktoren, die die Weiterentwicklung einer Persönlichkeit verzögern, die Nummer eins ist. (Leider wird dieses Phänomen in seinen negativen Auswirkungen chronisch unterschätzt.) Was ist denn daran so gefährlich?

Selbstmitleid äußert sich in tragischem Gebaren. Es ist, wie die Resignation, ohne Richtung, ohne Ziel. Es hat auch keinerlei Tendenz, sich aufzulösen. Wer sich bemitleidet, kreist permanent um das, was er nicht (mehr) ist, was er nicht (mehr) hat, was er nicht (mehr) kann. Er kreist um sein geschundenes und geschwächtes Ich. Er fällt in kindliche Verhaltensweisen zurück, die er bereits überwunden glaubte oder tatsächlich überwunden hatte.

Wer sich bemitleidet, fragt nicht, was er *selbst* mit der Entwicklung des gegenwärtigen Zustandes zu tun hat, sondern macht Gott und die Welt für sein Leiden verantwortlich. Er projiziert. Er spielt mit klagender Lust das uralte Schuldverschiebespiel. Für dieses Spiel jedoch hat niemand Sympathie, und deshalb wenden sich andere von ihm ab – natürlich mit der Folge, daß er sich in der Einschätzung seiner gegenwärtigen Lage zutiefst bestätigt fühlt – ein Kreislauf ohne Ende.

Langsam legt er den Telefonhörer auf die Gabel zurück. Sie war's. Das Gespräch dauerte nicht lange. Sie brauchte Informationen wegen der Lohnsteuer.

Aufgewühlt geht er in seinem Wohnzimmer auf und ab.

Er hat sich an seine kleine Wohnung gewöhnt. Seit fast einem halben Jahr wohnt er nun hier. Das war anfangs hart für ihn gewesen. Wegen der Kinder hatte sie im Haus bleiben wollen. Und wegen der Kinder hatte er eingewilligt. Leicht war ihm der Entschluß nicht gefallen, leicht bestimmt nicht. Schließlich hatte er das meiste Geld ins Haus gesteckt. Anfangs hatte er auch geglaubt, seine Bereitschaft zu gehen könnte sie vielleicht umstimmen. Daran glaubte er nun nicht mehr. Er hatte sie verloren. Er hatte sie endgültig verloren. Nie im Leben hätte er damit gerechnet.

Er öffnet bereits die zweite Zigarettenschachtel. Er raucht jetzt viel zu viel. Er trinkt auch nicht wenig. Er war früher auch besser gepflegt. Er ist zuviel allein. Das war anfangs anders. Nach der Trennung »grub« er alte Bekannte »aus« und erzählte viel von seiner Not. Irgendwann bemerkte er, daß die meisten seine Klagen nicht mehr hören mochten.

Es gab Frauen, die ihm anboten, dies und das für ihn zu tun. Sie wollten jedoch auch dies und das und mehr von ihm. Doch davon wollte er nichts wissen. Frauen waren für ihn kein Thema mehr. Er lernte ja, sich selbst zu versorgen, so gut es eben ging. Zärtlichkeit brauchte er auch nicht mehr. Denn die Frau, die über so viele Jahre zärtlich zu ihm gewesen war, hatte ihn im Stich gelassen, einfach im Stich gelassen. Wie also konnte er jemals wieder Vertrauen zu einem weiblichen Wesen entwickeln?

Karin. Leise, klagend, vorwurfsvoll spricht er ihren Namen aus. Sie hatte sein Leben zerstört. Sie war der Mittelpunkt seines Lebens gewesen. Gewesen! Als sie gesagt hatte: Ich gehe, hatte er sie ungläubig angeschaut und gesagt: Mach keine Witze! Er hatte ihre Ankündigung einfach nicht glauben können.

Als er sie kennengelernt hatte, hatte er gewußt: Die oder keine!

Fortan hatte er sie in seine gesamte Lebensplanung einbezogen. Alles und jedes hatte er mit ihr in Verbindung gebracht. Hatte er etwa nicht gut genug für sie gesorgt? Hatte sie sich nicht alles erlauben können? War er den Kindern kein guter Vater gewesen? Wofür denn hatte er so geschuftet? Für sie und die Kinder natürlich, wofür sonst? Und war er jemals fremdgegangen? Hatte er sich jemals rumgetrieben? Hatte er nicht auf viele alte Freunde verzichtet, nur ihretwegen?

Er geht zur Küche, um noch eine Flasche Wein zu holen. Vor dem Flurspiegel bleibt er stehen und sieht sich an. Die Rasur ist schlecht. Die Augen sind gerötet. Der Schlips hängt schief. Er sieht sich in die Augen und verspürt plötzlich einen Drang, zu weinen und sich dabei zuzuschauen. Doch sein Gesicht verzerrt sich nur. So weit also bin ich gekommen, sagt er vor sich hin und sieht sich dabei mitleidsvoll an. Alles ist weg, verloren, hin – auf Nimmerwiedersehen. Er beschließt, auf die zweite Flasche zu verzichten. Denn ein Gedanke, den er bislang kaum beachtet hat, nähert sich ihm:

Wenn ich sie für immer verloren habe, sind dann nicht auch alle vergangenen Jahre verloren? Sind diese Jahre nicht wie ein Film, der wegen einer Störung mitten in der Handlung abbricht? Welchen Sinn hätte ein solcher Film, wenn man nicht das Ende erführe? Und wenn der erste Teil des Filmes spannend oder schön gewesen wäre? Wäre dieser Teil dann vergeblich gewesen? Er zögert, will nicht weiterdenken.

Unruhig steht er auf, nimmt den Mantel vom Ständer und geht nach draußen. Die Kühle des Abends tut ihm gut. Er sieht in Schaufenster hinein, aber er erkennt nicht, was er sieht. Die

Gedanken lassen ihn nicht los: War denn der erste Teil der Ehe spannend und schön gewesen? War er glücklich gewesen? Die Ehe war nicht schlecht, denkt er, doch glücklich, nein, glücklich war sie nicht. Durchwachsen war sie. So wie Ehen eben sind. Jedenfalls hätte er sich nie von Karin getrennt.
Und Karin? Schon bald nach der Hochzeit hatte sie ihm gesagt: Du, das muß noch viel besser werden mit uns! Er hatte nichts dazu gesagt, hatte sich in seiner Haut nur nicht wohl gefühlt. Am nächsten Morgen war die Welt wieder in Ordnung gewesen. So war sie ihm jedenfalls erschienen. Auch später hatte sie noch mehrere Male diesen Satz gesagt, doch nie hatte er sie gefragt, was sie damit meinte.
Im Lauf der Zeit war sie immer stiller geworden, war ihrer eigenen Wege gegangen und hatte mit ihm nur noch über das gesprochen, was zur Tagesordnung gehörte.
Er geht weiter und weiter, achtet nicht auf die Uhr, nicht auf die Menschen, die ihm begegnen, nicht darauf, daß es zu regnen beginnt. Denn eine Frage läßt ihn nicht mehr los: Waren die Jahre mit ihr verlorene Jahre?

Wann sind denn Jahre verloren?
Sind Jahre des Glücks verloren, nur weil sie nicht voll-endet werden konnten?
Oder sind nur solche Zeiten verloren, in denen man die tiefe Kluft zwischen Wunsch und Wirklichkeit erlebte und sie trotz aller Anstrengungen nicht verringern konnte? Zählen vielleicht solche Jahre zu den verlorenen, in denen man wider besseres Wissen das Glück selbst mit Füßen trat?

»Verloren wäre die Zeit«, so Dietrich Bonhoeffer, »in der wir nicht als Menschen gelebt, Erfahrungen gemacht, gelernt, geschaffen, genossen und gelitten hätten.«[4] Für mich ist dieser Satz eine große Befreiung. Denn er macht den Sinn einer Lebenszeit nicht nur fest am Glück oder Unglück einer Partnerschaft, sondern führt uns darüber hinaus. Sein Maß ist die *Intensität* gelebten Lebens in dieser Zeit. Was heißt das?

Das heißt: Hast du in der Zeit, die dir verloren zu sein scheint, als *Mensch* gelebt – also nachgedacht, dich eingefühlt, gehandelt, geliebt? Hast du Trauriges nicht einfach verdrängt, sondern dich ihm gestellt? Hast du dich aufgeregt, wenn Aufregung angebracht war? Hast du das Glück ergriffen, wenn es sich dir anbot? Hast du in jenen Jahren etwas auf die Beine gestellt, bist also nicht nur lasch durch deine Tage gegangen? Hast du Erfahrungen gesammelt und dazugelernt? Wenn du das getan hast, dann hast du gelebt, hast dich bewegt, bist du dir nahe gewesen und dir nähergekommen. Dann hast du in dieser Zeit Sinn gehabt. Dann war auch die Partnerschaft, wie immer sie war, vermutlich nicht vergeblich.

Was aber ist, wenn ein Mensch von dieser Zeit so nicht reden kann, wenn er meint, nicht als Mensch gelebt und wenig daraus gemacht zu haben? Was ist, wenn jemand unter seinem Partner so gelitten hat, daß er die Jahre mit ihm

[4] Dietrich Bonhoeffer: Widerstand und Ergebung, München 1962, S.9

oder ihr unter keinen Umständen noch einmal erleben möchte? Sind *dann* nicht die vergangenen Jahre verlorene Zeiten?

Wer könnte darüber urteilen!? Die Beschreibung einer Lebensgeschichte, hat August Wittig einmal gesagt, dürfe eigentlich nicht bei der Geburt, sie müsse beim Tod beginnen, weil die Gesamtheit eines Lebens, die einzelnen Ereignisse ebenso wie die unterschiedlichen Phasen, nur vom Ende des Lebens her in ihrem Sinn oder Unsinn sichtbar werden könnten.

Eines aber ist gewiß: Es gibt so etwas wie »Existenzschuld« (Martin Heidegger), ein Schuldigwerden an der eigenen Existenz. Und das bedeutet? Wenn jemand, der scheinbar oder tatsächlich leere oder schwere Zeiten erlebt hat, sich nicht irgendwann von seiner alten Not zu distanzieren beginnt, dann entleert er auch noch seine Gegenwart, dann gleicht er einem Wanderer, der seinen Weg verloren hat und rückwärts nach vorne weiterwandert – ohne Richtung, ohne Ziel. Dann aber kann es sein, daß aus einer verlorenen Zeit – ein verlorenes Leben wird.

Doch ist auch das möglich: sich darüber zu *empören*, daß viel kostbare Lebenszeit unausgefüllt geblieben ist –, sich *erschüttern* zu lassen angesichts der leeren inneren Kassen – und *daraus* den Entschluß zu treffen, *nie wieder* eine solche Lebensphase zu dulden, zuzulassen, geschweige denn herbeizuführen.

Ob das schwer ist oder leicht? Das hängt davon ab, wie *tief* man die Erschütterung zuläßt –, und davon, ob die

Empörung weiterhin dem davongelaufenen Partner gilt oder den *eigenen* sichtbar gewordenen Mängeln, vor allem aber der *Vergeudung* von Lebenszeit.

Wenn aber jemand, der verlassen wurde, sagt, er habe überhaupt eine falsche Entscheidung getroffen, als er mit ihr oder sie mit ihm die Beziehung eingegangen sei?

Manche Entscheidungen, die wir *früher* getroffen haben, können wir *heute* in der Tat nicht mehr verstehen. Wir nennen sie falsch – aus *heutiger* Sicht. Ob sie es auch aus damaliger Sicht waren? Es kann sein, daß wir damals anders hätten entscheiden sollen, es kann aber auch sein, daß wir gar nicht anders entscheiden *konnten.*

Mögen Sie einmal an eine konkrete »falsche« Entscheidung aus früherer Zeit denken? Versuchen Sie einmal, sich daran zu erinnern: an die Situation von damals, an die Umstände und Widerstände, an die Hoffnungen und Versprechungen, an das, was Sie gedacht und empfunden, was Sie geplant und gefühlt haben. Sieht nicht das, worum es damals ging, ganz anders aus als heute?

Keine Entscheidung, die unser *Leben* betrifft, ist in ihrer Auswirkung sicher vorhersehbar. Jede ist ein Wagnis. Das gilt für alles, was den Fluß unseres Lebens wesentlich mitbestimmt. Und jede Entscheidung ist zugleich die Bedingung der Möglichkeit, daß unser Lebensfluß nicht zu einem langweiligen Kanal verkommt.

Gibt es verlorene Jahre? Gewiß ist, daß ein Urteil über die vergangene Partnerschaft kurz nach der Trennung kaum möglich ist. Warum das so ist, kommt in beeindruckender und Hoffnung weckender Weise in einer alten chinesischen Tao-Geschichte zum Ausdruck:[5]

Ein alter Mann lebte sehr arm in seinem Dorf, doch selbst Könige waren auf ihn neidisch, denn er besaß ein wunderschönes weißes Pferd. Sie boten ihm für das Tier phantastische Summen, aber er verkaufte es nicht.
Eines Morgens fand er sein Pferd nicht im Stall. Da versammelten sich alle Dorfbewohner und sagten: »Du dummer alter Mann! Wir haben immer gewußt, daß das Pferd eines Tages gestohlen werden würde. Es wäre besser gewesen, du hättest es verkauft. Welch ein Unglück hast du nun!«
Der alte Mann antwortete: »Geht nicht so weit, das zu sagen. Alles, was ist, ist: Das Pferd ist nicht im Stall, soviel ist Tatsache. Ob es ein Unglück ist oder ein Segen, weiß ich nicht, weil ich nicht weiß, was *folgen* wird.« Die Leute lachten den Alten aus. Sie hatten schon immer gewußt, daß er ein bißchen verrückt war.
Aber: Nach fünfzehn Tagen kehrte das Pferd zurück. Es war *nicht* gestohlen worden, sondern in die Wildnis ausgebrochen. Und nicht nur das: Es brachte zwölf wilde Pferde mit! Wieder versammelten sich alle Menschen des Dorfes und sagten: »Alter Mann, du hast recht gehabt. Daß das Pferd nicht mehr im Stall war, hat sich tatsächlich als Segen erwiesen.« Der Alte entgegnete jedoch: »Wieder geht ihr zu weit.

[5] Manfred Schulz: Gut und Böse – nur als Paradoxie sinngebend?!, in: Zeitschrift des Hamburger Instituts für Existenzanalyse und Logotherapie, 3. Jg., Nr. 10, S. 5

Alles, was ist, ist: Das Pferd ist zurück. Ihr lest nur ein einziges Wort in einem Satz –, wie könnt ihr dann das ganze Buch beurteilen?«

Nun hatte der alte Mann einen einzigen Sohn, und der begann, die Wildpferde zu trainieren. Eine Woche später fiel er von einem Pferd und brach sich die Beine. Erneut versammelten sich alle Menschen des Dorfes und urteilten: »Du hast recht, die Wildpferde wurden dir und deinem Sohn zum Unglück. Dein einziger Sohn kann die Beine nicht mehr gebrauchen. Er war die Stütze deines Alters. Jetzt aber bist du ärmer als je zuvor.« Doch der Alte antwortete: »Alles, was ist, ist: Mein Sohn hat sich die Beine gebrochen. Niemand weiß, ob dies ein Unglück ist oder ein Segen. Das Leben kommt in *Augenblicken*, und mehr bekommt ihr nie zu sehen.«

Eines Tages ergab es sich, daß das Land einen Krieg begann. Alle jungen Männer des Dorfes wurden zwangsweise zum Frontdienst eingezogen. Nur der Sohn des alten Mannes blieb zu Hause, weil er gebrochene Beine hatte.

Der ganze Ort war von Wehgeschrei erfüllt, weil dieser Krieg nicht zu gewinnen war und weil man wußte, daß die meisten jungen Männer nicht zurückkehren würden. Wieder kamen alle zum alten Mann und sagten: »Du hattest recht. Was tatsächlich kommt, weiß man vorher nie. Die gebrochenen Beine haben sich als Segen erwiesen.« Und wieder entgegnete der alte Mann: »Alles, was ist, ist: Man hat eure Söhne in die Armee eingezogen, und mein Sohn wurde nicht eingezogen. Nur ›das Ganze‹ weiß, ob dies ein Segen oder ein Unglück ist.«

Von der Macht der Fixierung

Zu den leidvollsten Quellen im Leben gehört die Fixierung auf Not. Was bedeutet das? Darf ich ein Bild gebrauchen, das ich schon oft beschrieben habe, weil es dieses quälende Problem so anschaulich beschreibt?

Ich stehe in einem Raum, sehe Gardinen, Bilder, Möbel und vieles andere mehr, sehe auch seine Helligkeit. Ich rieche den Duft, der zu ihm gehört, höre das Ticken der Uhr, das mich an etwas Angenehmes erinnert. Ich lasse den Raum auf mich wirken – und finde ihn schön. Da fällt eine Pfeife, die auf dem Tisch liegt, zur Seite. Asche fällt heraus. Mir kommt eine Idee: Langsam nähere ich mich dem Ascheflecken, fixiere ihn mit meinem Blick. Und: Der Fleck wird immer größer! Während ich mich nun tief über ihn beuge, sehe und bemerke ich nur noch ihn – kaum noch den Tisch, nichts mehr von den vielen Dingen im Raum. Und schon gar nicht mehr spüre ich die angenehme Atmosphäre. Der Raum ist zu Asche geworden.
Nun entferne ich mich wieder. Je weiter ich mich zurückziehe, desto kleiner wird der Fleck. Was ich vorher vom Raum gesehen habe, kommt mir wieder in den Blick. Die Asche sehe ich zwar noch, doch der Raum wird wieder zu dem, in dem ich gern bin.

Was bedeutet dieses Bild konkret? Einige Beispiele:
Jemand hat ein äußerlich sichtbares Problem, zum Beispiel

eine Glatze. Er fühlt sich in der Öffentlichkeit unsicher. Er glaubt, »die ganze Welt« sehe nur noch seine Glatze.
Er hält sich deshalb zunehmend für einen Menschen, der *nichts anderes* mehr ist als ein Glatzkopf.
Jemand ist seit langem arbeitslos. Er fühlt sich minderwertig und depressiv. Er weiß nicht mehr, wozu er da ist, und möchte sich am liebsten vor der Welt verstecken. Er hält sich zunehmend für einen Menschen, der *nichts anderes* mehr ist als ein Arbeitsloser.
Jemand ist ein »Scheidungskind« und läßt sich über Jahre, wenn nicht sein ganzes Leben von der Tatsache bestimmen, daß sich seine Eltern haben scheiden lassen – und fühlt sich daher als *nichts anderes* als ein »Scheidungskind«.
Was ist das Gemeinsame an diesen Beispielen? Die Fixierung auf *einen* Wert, zum Beispiel auf Schönheit, auf Arbeit, auf Eltern. Immer geht es darum, daß Menschen sich in dem Gefühl verlieren, daß ihnen der *eine* Wert, den sie nicht leben können, ein ganz anderes, nämlich positives Lebensgefühl ermöglichen würde. Und weil sie sich auf diesen *einen* Wert fixieren, den sie nicht (mehr) leben können, fixieren sie sich auf die daraus resultierende Not.
Wenn nun jemand seinen Partner verloren hat, so sagt er vielleicht, er sei »nur noch die Hälfte wert«, er /sie fühle sich ungeborgen und heimatlos und verstehe sich als *nichts anderes* mehr als eine »sitzengelassene Frau« oder als einen »sitzengelassenen Mann«. Wer das sagt, *fixiert* sich auf das, was er nicht (mehr) ist, nicht (mehr) hat, nicht (mehr) kann. Und das hat Folgen:

Sein Werthorizont verengt sich erheblich. *Die* Werte, die er durchaus weiterleben könnte, etwa Freundschaft, Natur, Kunst, Sport, Arbeit, besondere Aufgaben, unterliegen dem langen Schatten, den seine Fixierung auf den *einen* Wert wirft: die Partnerschaft mit ihr oder ihm. Sein Leben verarmt. Es scheint so, als gebe es nur noch sein Unglück.
Muß das sein? Am Anfang bleibt dem Verlassenen wahrscheinlich nichts anderes übrig als die Dauerbeschäftigung mit seiner ungewollten Not. Doch muß die Fixierung nicht bleiben:

Er fährt zur Arbeit. Er schaltet sein Autoradio an. Er hört Musik, ohne sie zu hören. Dann hört er hin. Den Blues kennt er. Ohne es zu wollen, summt er die Melodie mit. Dann verstummt er. Einen Augenblick hat er die seltsame Empfindung, noch nicht fröhlich sein zu dürfen. Doch ehe er darüber nachdenken kann, dröhnt die Posaune in sein Ohr. Und er singt, singt immer lauter, so, als müsse er sich die Brust freisingen.
Die Ampel zeigt Rot. Neben ihm parkt ein älterer Herr. Ihre Blicke begegnen sich. Sie lächeln sich an, der andere nickt leicht mit dem Kopf, als wolle er sagen: Alles ist gut.
In der Firma bemerkt man eine leichte Veränderung an ihm. Da wagt ein jüngerer Kollege, ihn nach seinen Plänen fürs Wochenende zu fragen. Er weiß darauf zwar keine Antwort, doch läßt ihn die Frage nicht los. Dann weiß er sie: Er wird am Wochenende zur Ostsee fahren und sich Badeorte ansehen, die ihn schon lange interessieren. Zwar hatte er die Fahrt mit Karin

machen wollen. Aber, sagt er zu sich selbst – und diesen leichten Trotz hat er seit langem nicht mehr bei sich bemerkt –: Wer nicht will, der hat schon.
Als er am Wochenende nach Hause kommt, ist ihm, als habe sich seine Seele zu häuten begonnen. Er lacht über diesen Einfall, findet sich jedoch zugleich albern, ja kindisch.
In der Nacht hat er einen Traum: Er geht durch einen Graben. Da erschrickt er. Er fürchtet, im nächsten Augenblick im Sumpf versinken zu müssen. Er untersucht den »Sumpf« – und staunt: Dicht unter dessen Oberfläche erkennt er festen Boden. Er wird nicht untergehen!
Am Morgen danach ist ihm, als habe ein neuer Lebensabschnitt begonnen. Was sumpfig erscheint, muß nicht immer sumpfig sein. Das versteht er. Zwar werden noch manches Mal dunkle Stunden kommen, das weiß er wohl, doch fühlt er deutlich, daß er im sumpfigen Gelände des Lebens nicht verlorengehen kann.

Es scheint weniges zu geben, was einen Menschen so tief in die Krise führen kann und daher für den gesamten Lebenszusammenhang eine solche Bedeutung hat wie der Verlust des Partners. Die meisten Gründe dafür sind verständlich, nachvollziehbar und werden vielfach diskutiert. Weniger oft wird dagegen ein Thema verhandelt, das vielleicht den tiefsten Grund dafür anspricht, warum das Verlassenwerden so schwer ist. Ich spreche vom Besitzanspruch des einen Partners an den anderen, von der *Fixierung* darauf, daß der andere sein Eigentum sei.

Kein Mensch gehört einem anderen

Das, was das unfreiwillige Getrenntwerden *besonders* schwer macht, ist das Gefühl des Verlassenen, der andere sei sein Besitz. Denn von dem, was man besitzt, muß man sich nicht trennen. Es scheint so, als seien weit mehr Beziehungen zwischen Partnern von dieser unseligen Tendenz bestimmt, als wir uns eingestehen mögen. In erschreckender Weise wird diese Annahme durch den gar nicht so selten gesagten Satz bestätigt: »Wenn er/sie doch bloß gestorben wäre! … Das hätte ich leichter ertragen als die Trennung.«
Wird jemand, der von dieser unseligen Neigung beherrscht wird, von seinem Partner verlassen, dann ist ihm, als verlöre er einen Teil von sich. Von *sich*? Ja, denn er braucht den anderen zur Ich-Erweiterung, zur Aus-Weitung und Ergänzung seines *eigenen* Persönlichkeitsraumes und zur erhofften Einswerdung mit sich selbst. Und deshalb richtet er ihn – keineswegs immer *sichtbar* aggressiv – auf *sich* hin aus.
Was geht in einem Menschen vor, der sich den anderen zu Eigen machen will?

Gerade hat sie ihm eröffnet, daß sie ihn verlassen werde. Er hat sie nur mit großen Augen angesehen und gesagt: Das darf doch wohl nicht wahr sein! Doch, das ist wahr, hat sie schlicht geantwortet. Das hat ihm zunächst die Brust eingeschnürt. Dann hat er so laut gebrüllt, daß alle Nachbarn es hören konnten: Du gehörst mir, hörst du? Du gehörst mir! Und das wird immer so bleiben. Hast du das verstanden? Das wird immer so bleiben!

Der Satz schlägt an ihre Stirn, kreist um ihren Kopf, schlägt in den Nacken und bleibt in der Schulter wie eine Eisenplatte liegen …

Nachdem er sich ausgebrüllt hat, erscheint er merkwürdig ruhig. Was geht nur in ihm vor? fragt sie sich. Sie hat Angst.

Er hat sich nicht nur seiner Wut entledigt, nein. Je lauter er gebrüllt hat, desto mehr hat er sich davon überzeugt, daß seine Frau ihm gehört. Und darum wird sie selbstverständlich bei ihm bleiben, trotz ihrer Flausen, die sie im Kopf hat. Jawohl, sie gehört ihm, so, wie er ihr gehört. So klar wie jetzt ist ihm das nie gewesen, geht ihm durch den Kopf.

Hat er sie nicht geheiratet? Haben sie nicht beide gelobt, bis zum Tod füreinander dazusein? Hat er sie nicht erst zum richtigen Menschen gemacht, ihr Kultur und sonstiges beigebracht, was sie bis dahin gar nicht kannte? Hat er sie nicht in die feineren Kreise eingeführt? Hat sie ihm nicht seinen Sohn geboren, mit dem sie beide zeitlebens verbunden sind? Von welchem Geld hat sie denn wohl gelebt? Dann ist da noch etwas anderes, von dem er nicht recht weiß, wie er es beschreiben soll, ein Gefühl, das ihm sagt: Die Frau hat kein Recht, mich zu verlassen. Sie darf es einfach nicht.

Während dieser Gedanken ist er fast friedlich geworden. Er geht zu ihr, setzt sich auf die Lehne ihres Sessels, legt den Arm um ihre Schultern und sagt fast väterlich: Schau, Mäuschen, in jeder Ehe gibt's mal eine Krise. Das ist ganz normal. Das kommt in den besten Familien vor. Nur darf man dann nicht gleich weglaufen, verstehst du?

Sie sitzt da wie gelähmt. Was er sich erdreistet, ist ja ungeheuer-

lich, denkt sie. Er hat überhaupt nicht zur Kenntnis genommen, was sie soeben gesagt hat! Und genau dieses Verhalten, das wird ihr klar wie nie zuvor, dieses sie Besitzenwollen ist es, was sie schließlich in die Flucht getrieben hat.
Sie ist fast dankbar, daß er ihr noch einmal einen eindrucksvollen Beweis dafür geliefert hat, wie wichtig es für sie ist, ihn zu verlassen – wenn sie nicht zugrunde gehen will.
Langsam löst sie sich aus ihrer Erstarrung. Mit einem Ruck steht sie auf, bleibt in gemessenem Abstand vor ihm stehen, fixiert ihn und sagt noch einmal: Hast du das gehört? Ich verlasse dich, und das schon morgen!
Auch er steht auf und sagt, die Arme vor der Brust verschränkt, mit unheimlich dunkler Stimme: Versuch's doch! Da begreift sie es endgültig: Sie war nie seine Partnerin, nie »seine geliebte Frau«, sondern sein Eigentum, zu dem er offen sein konnte und verschlossen, zärtlich und grob, schenkend und verbietend – ganz, wie er es wollte.
Sie ist tatsächlich gegangen. Sie hat allen Ernstes das Haus verlassen. Sie hat ihn nicht gebeten, gehen zu dürfen, sie ist von sich aus gegangen. Sie ist wirklich nicht mehr da. Sie ist weg. Einen Augenblick lang hatte er sie festhalten wollen. Doch ihre Augen hatten ihn gefährlich angeblitzt. Da war er zurückgewichen. Welcher Teufel hatte sie nur geritten, daß sie das tun konnte?
Sie ist doch seine Frau! Sie kann doch niemals einem anderen gehören! Ihre Augen – wen sollten sie zärtlich anlächeln, wenn nicht ihn? Ihre Hände – wen sollten sie streicheln, wenn nicht ihn? Ihr Körper – wem sollte er gehören, wenn nicht ihm? Ihre

Lebensplanung – mit wem sollte sie sie besprechen, wenn nicht mit ihm? Lebensplanung? War ihr Leben nicht geplant? Stand der Plan nicht seit Beginn der Ehe fest?
Er sieht sie vor sich, sieht sie, seine Frau, in den Armen eines anderen. Das ist doch pervers! Wie viele Male hat sie in seinen Armen gelegen! Es kann doch nicht sein, daß sie inmitten ihres gemeinsamen Lebens mit einem anderen von vorn beginnt?Unruhig, nervös, wütend stampft er durchs Wohnzimmer, zündet eine Zigarette nach der anderen an. Da bleibt er stehen.
Hat sie überhaupt einen anderen? Er ist nicht überrascht, daß ihm die Frage erst jetzt kommt. Wahrscheinlich hat sie einen anderen. Warum hätte sie ihn sonst verlassen? Einen Augenblick ist er verwirrt. Und wenn sie keinen anderen hätte? Von einem Kerl hat sie jedenfalls nichts gesagt. Und belogen hat sie ihn noch nie. Ja, wenn da kein anderer im Spiel wäre –, warum um alles in der Welt ist sie dann gegangen. Sie kann doch gar nicht allein existieren!
Tief zieht er den Rauch der Zigarette in sich ein. Das ist es! Wahrscheinlich hat sie gar keinen anderen, und allein wird sie kaum mit dem Leben fertig. Sie wird auf allen vieren wieder angekrochen kommen. Auf allen vieren! Sie wird schon sehen, wohin sie gehört.
Mit seinem Mittelfinger drückt er die Radiotaste. Flotte Rhythmen dringen ihm entgegen. Er läßt sich in den Sessel fallen und streckt sich aus. Auf allen vieren, sagt er leise zischend vor sich hin. Die Musik wechselt zu einem einschmeichelnden Chanson. Eine zarte Frauenstimme beginnt zu singen: »Ich bin von dir gegangen, weil du mich nicht gesehen hast …« Auch das

noch! Albernes Gewäsch, brummt er. Dann: »Ich wollte zu dir gehören, doch du wolltest mehr als das ...« Blödsinn, brummt er wieder. Wütend springt er auf und drückt die Aus-Taste. Mehr als das, sagt er wütend und staccatohaft in den Raum. Was denn sonst? Mann und Frau sind eine Einheit, ein Fleisch, eins!

Das Fatale an einem Menschen, der seinem Besitzstreben freien Lauf läßt, besteht darin, daß er seine unselige Neigung viel zu wenig kennt. Fatal aber ist vor allem, daß er offenbar keinerlei Phantasie dafür entwickelt, was er in seinem Partner anrichtet, sowohl während der Partnerschaft als auch in der Zeit der Trennung.

Doch *wenn* es zur Trennung kommt, ist auch er *selbst* in arger Bedrängnis: Er fühlt sich bis in Mark und Bein verletzt, fühlt sich halbiert, fühlt sich schrecklich ungerecht behandelt. Er versteht die Welt nicht mehr. Daher seine Wut, vielleicht sogar sein Haß!

Wer so denkt, ist ganz auf sich bezogen und daher blind für den anderen. Wer so empfindet und fühlt, ist weit weg von der Einsicht in die selbst zu verantwortenden Ursachen des Verlustes, ist weit weg vom Wendepunkt der Krise, ist weit weg vom Beginn weiterer Persönlichkeitsentwicklung – und *ganz* weit weg von der Möglichkeit, den anderen wiederzugewinnen.

Mit Liebe hat eine von Besitzstreben dominierte Beziehung wahrlich nichts zu tun, denn die Liebe ist dessen Gegenpol. Liebe sei der Versuch, hat Tobias Brocher einmal gesagt, die

eigene Person zu wandeln – nicht die des anderen. Und das würde bedeuten: Wenn die behauptete Liebe eines Menschen, der verlassen wird, tatsächlich Liebe wäre, würde er den Verlust des anderen zwar tief beklagen, vielleicht auch aggressiv beklagen, er würde ihn jedoch im Lauf der Zeit innerlich freigeben können, weil er die Trennung aus der Sicht des *Partners* zu sehen begänne.
Kein Mensch darf den anderen besitzen. Denn: Jeder wird *allein* geboren. Jeder muß *allein* sterben. Jeder hat für sich *allein* seinen Sinn im und seinen Weg durchs Leben zu finden. Jeder hat *allein* sein Leben zu verantworten. Ein Mensch kann die Gunst erfahren, für lange Zeit mit einem Partner leben zu können. Daraus jedoch den *Anspruch* abzuleiten, daß er ihm zeit seines gesamten Lebens in der von *ihm* gewünschten Weise zur Verfügung zu stehen habe, ist Ausdruck von Ichbezogenheit.

Gibt es *Hilfen*, den, der gegangen ist, *freilassen* zu können?

- Zunächst einmal die *gründliche* Besinnung darauf, daß *jeder* Mensch für seine Sinnfindung und die Gestaltung des eigenen Weges verantwortlich ist.
- Auch das Ein-denken und Ein-fühlen in die Frage: *Was wäre, wenn ich meinen Partner freilassen könnte?*, würde hilfreich sein. Manchmal bleibt uns eben nichts anderes übrig als das, was wir wollen »müssen«, so attraktiv werden zu lassen, daß es uns von sich aus anzieht. Die Ein-Fälle und Ideen könnten lauten:

Der Druck wäre weg. – Der Schmerz ließe nach. – Ich könnte wieder durchatmen. – Ich wäre nicht mehr ständig angespannt. – Ich bräuchte mich nicht mehr mit Vergangenem zu beschäftigen. – Ich befände mich in einer neuen Lebenssituation. – Auch ich wäre frei. – Ich müßte auf eigenen Beinen stehen und könnte es vielleicht. – Ich würde mich erwachsen fühlen. – Wahrscheinlich würde ich an Reife gewinnen. – Ich könnte vielleicht richtig lieben. – Er/Sie wäre darüber froh. – Der Kampf würde aufhören. – Wir würden uns als Freunde begegnen können. – Das würde unsere Beziehung verändern, vielleicht sogar …

- Hilfreich ist auch die Typenlehre des Enneagramms [6]. Hilfreich ist sie deshalb, weil sie in erstaunlicher Klarheit zeigt, daß Menschen unterschiedlicher Strukturen unterschiedlich denken, fühlen und handeln und daher unterschiedlich mit dem Verlust eines Menschen umgehen.

  Je bewußter einem Verlassenen wird, warum gerade er so besitzergreifend ist, desto eher gelingt ihm eine Einstellungsänderung. Es sind vor allem drei der insgesamt neun »Typen«, die große Mühe haben, ihren Partner loszulassen.

  Bei der Darstellung bitte ich zu berücksichtigen, daß ich »Typen« in der *Krise* darstelle:

[6] Uwe Böschemeyer: Vom Typ zum Original, Die neun Gesichter der Seele und das eigene Gesicht, Ein Praxisbuch zum Enneagramm, Lahr 1994

Der *Perfektionist* strebt nach Vollkommenheit. Was er denkt und fühlt und wie er handelt, soll – jedenfalls in Ausschnitten der Wirklichkeit – ganz, ideal, vollkommen sein. Was er besitzt, will er deshalb ganz besitzen. Das gilt vor allem für die Partnerschaft, von der er Größtes erwartet.

Wenn sich nun der Partner von ihm trennen will, werden dem *Perfektionisten* die Grundlagen seines Denkens und Fühlens entzogen. Das aber kann er nicht zulassen. Er und sie, sie sind doch eine Einheit. Sie gehören zusammen. Sie besitzen einander. Und sollte der Partner sein Vorhaben tatsächlich wahrmachen, reagiert deshalb der *Perfektionist* höchst aggressiv.

Der *Helfer* braucht es, gebraucht zu werden. Nichts ist ihm wichtiger als das. Gerade aber der Partner bietet sich dafür an, weil er ihm am nächsten steht. Wenn er sich aber dem Helfer entzieht, entzieht er ihm das Wichtigste, was er im Leben hat und zum Leben braucht. Darum kann eine Aggressivität, die niemand *diesem* Typus zugetraut hätte, die Folge sein.

Der *Loyale* ist ein Gemeinschaftsmensch. Gemeinschaft mit anderen zu haben, ist für ihn das Wichtigste im Leben. Das gilt selbstverständlich primär für den Partner, der für ihn weithin die Basis seines Lebens darstellt. Verliert er ihn, dann verliert er sie. Dann aber kommt große Angst auf, und Angst ist immer mit Aggressivität verbunden.

Wer festhält, verliert bestimmt

Wer seinen Partner liebt, will ihn nicht verlieren. Das macht ihn gerade in der Trennungszeit für »Fehler« anfällig. Denn die Angst vor einem endgültigen Verlust verzerrt seine Wahrnehmung, treibt ihn in unüberlegte Handlungen *und* verhindert die in dieser Zeit notwendige Auseinandersetzung mit der eigenen Persönlichkeit. Das kann zur Folge haben, daß er die letzte Chance, mit dem anderen neu beginnen zu können, verpaßt. Schon manche begründete Hoffnung ist so zunichte gemacht worden. Eine andere Folge kann sein, daß er in seiner Trauer stagniert und neue Wertmöglichkeiten übersieht.
Welche »Fehler« kann man machen? Ich nenne Beispiele:

- Wenn der Verlassene dem anderen sagt, er könne ohne ihn nicht leben, bürdet er ihm eine Last auf, die dieser weder tragen kann noch will. Er wird ihm lästig. Droht er ihm gar mit *Selbstmord*, wird der, der gegangen ist, zwar Angst oder jedenfalls Sorge um den anderen haben, doch die Liebe zu ihm – *sie* stellt sich dadurch nicht wieder ein.

- Wenn der Verlassene den anderen dadurch festzuhalten versucht, daß er ihm, ob sublim oder offen, *Schuldgefühle* vermittelt, wird dieser darauf ablehnend, wenn nicht aggressiv reagieren. Ich denke zum Beispiel an Vorwürfe wegen der Kinder, an Klagen wegen der Einsamkeit, an die Erinnerung, man habe schließlich dem anderen die Ausbildung ermöglicht. Es gibt *viele* Anlässe, den »Abtrünnigen« in der Trennungszeit mit Schuldgefühlen unter Druck zu setzen – mit Krankheit oder Alter, mit sozialer Angst oder sich anbahnender Depression, mit Moralismen oder zu oft gezeigten Tränen. Die Vorwürfe verfehlen häufig ihre Wirkung nicht, die erhoffte Rückkehr aber wird so in den seltensten Fällen erreicht.

- Wenn der Verlassene den anderen dadurch zurückzugewinnen versucht, daß er ihm jedwede gewünschte persönliche *Änderung* in Aussicht stellt, wird er wahrscheinlich nur Mitleid ernten. Nichts ist weniger attraktiv als Selbsterniedrigung, denn das bedeutet Selbstaufgabe und also Verlust der eigenen Originalität.

Wodurch auch immer einer den anderen zur Rückkehr bewegen möchte – für die meisten Menschen, die sich zur Trennung *durchgerungen* haben, ist der Versuch des alten Partners, ihn festhalten zu wollen, lediglich eine erneute Herausforderung zur Selbstbefreiung. Und wenn doch einmal ein Versuch zu glücken scheint, *kann* aus einem partnerschaftlichen Ende mit Schrecken – ein aufreibender Schrecken ohne Ende werden.
Oft genug hat der klammernde Partner in der Tat weder die Partnerschaft noch den anderen, sondern (fast) nur sich selbst im Blick. Und wenn der Umworbene nicht frei von

Empfindsamkeit ist, wird er die manchmal gar nicht so edlen Motive des (wieder) um ihn Werbenden durchschauen und endgültig den Schlußstrich ziehen.
Und doch: Ist nicht das Festhalten am anderen, wie geschickt oder ungeschickt der Versuch auch sei, verständlich? Ist nicht, vor allem bei einem verheirateten Paar, ein solches Bemühen sogar notwendig? Zeigt nicht gerade der Festhaltende, wie sehr ihm am Erhalt der Partnerschaft liegt? Hält nicht der Festhaltende sich und seinem Partner die Möglichkeit offen, daß dieser seine seelischen Turbulenzen überwindet und – nach Irrungen und Wirrungen – dorthin zurückkehrt, wohin er gehört? Und ist nicht gerade die Ehe eine religiös und gesellschaftlich tief begründete Ordnung, die man nicht einfach auflöst?
Ja, das ist sie. Man darf sie auch nicht einfach auflösen. Zweifellos nicht! Und sie ist noch immer – trotz der großen Infragestellungen in unserer Zeit – die mit Abstand beste Voraussetzung dafür, das Wichtigste im Leben zu lernen: selber lieben zu können. Sie ist auch gesellschaftlich gesehen zweifellos *die* Grundlage für ein humanes Staatswesen. Nachdenklich macht mich jedoch immer wieder ein Satz Viktor Frankls aus einer berühmten Rede in Chicago: »Die Moral im alten Sinne wird bald ausgespielt haben. Über kurz oder lang werden wir nämlich nicht mehr moralisieren, sondern die Moral ontologisieren – gut und böse werden nicht definiert werden im Sinne von etwas, das wir tun sollen beziehungsweise nicht tun dürfen, sondern gut wird uns dünken, was die Erfüllung des einem Seienden aufgetra-

genen und abverlangten Sinnes fördert, und für böse werden wir halten, was solche Sinnerfüllung hemmt.«[7] Keineswegs ist dieser Satz ein Freibrief für den, der nur seinen Impulsen folgt und danach handelt, was *sie* ihm avisieren. Wohl aber fordert er dazu heraus, sich nicht hinter den Mauern von Moral und Ordnung zu verstecken, sondern das konkrete Leben auf seine Sinnhaftigkeit hin zu überprüfen und, wenn nötig, es sinn-voll zu verändern.

Es ist riskant, einen Wert zu verabsolutieren. Wer zum Beispiel meint, nicht ohne diese eine Aufgabe, nicht ohne diese eine Anerkennung, nicht ohne Gesundheit, nicht ohne Haus, nicht ohne Kinder, nicht ohne diesen *einen* Menschen leben zu können, hängt sein Herz an dieses Eine und macht aus Irdischem Göttliches. Wenn ihm jedoch dieses Eine, ohne das er meint nicht leben zu können, verlorengeht, stürzt ihm die ganze Welt zusammen. Er gerät in Verzweiflung.

Leben geht so nicht, daß wir unser Herz an etwas hängen, was sterblich ist wie wir selbst. Deshalb auch gibt es für einen Menschen kaum Niederdrückenderes als dieses: für einen *anderen* der Lebenssinn zu sein, also sein »Ein und Alles«. Dann wird die »Liebe« für den »Geliebten« zum kaum ertragbaren Joch.

Es kann sein, daß ein Mensch, der mit diesem Joch lebt, lange Zeit wenig davon merkt. Doch wenn er seiner eigenen Wege gehen will, gerät er in Konflikte, weil der, der sich an

[7] Viktor E. Frankl: Der Wille zum Sinn, Bern/ Stuttgart/Wien 1972, S. 28

ihn hängt, ihn nicht loslassen will. Schuldgefühle, Wut, Mitleid sind nur einige der Gefühle, die ihn in Verzweiflung treiben – bis er begreift, daß kein Mensch das Recht hat, auch nicht einer, die Verantwortung für sein eigenes Leben einem anderen aufzuhalsen und sich an ihn zu hängen.
Es kann sogar sein, daß durch den Widerstand des »Geliebten« der von ihm Abhängige endlich zur Selbstbesinnung kommt. Doch wenn schon der eine seine persönliche Sinnsuche verweigert, muß nicht auch noch der andere daran zugrundegehen.

Sie haben sich längere Zeit nicht gesehen. Nun sitzen sie in einem Café, mit dem sie beide keine Erinnerung verbinden. Sie hat um diesen »neutralen Ort« gebeten. Es ist ihm nicht entgangen, daß sie sehr chic angezogen ist. Ihr ist nicht entgangen, daß seine Hose keine Bügelfalte hat. Sie haben sich getroffen, um über die Kinder zu sprechen.
Beide beschäftigen sich zunächst ausführlich mit der Getränkekarte. Schließlich bleibt ihnen nichts anderes übrig, als diesen Vorgang abzuschließen und sich anzusehen. Das Gespräch fließt leicht. Wegen der Erziehung haben sie selten Probleme gehabt. Sie weiß, daß er die Kinder liebt. Er weiß, daß sie liebevoll und klug mit ihnen umgeht. Die Fragen sind geklärt. Man könnte sich verabschieden. Da fragt er sie, ob sie noch ein Eis möchte. Sie möchte.
Sie lächeln sich an. Und einen Augenblick begegnen sich ihre Blicke, als hätten sie sich gerade erst kennengelernt. Verwirrt wendet sie sich ab. Er spürt den Impuls, nach ihrer Hand zu

greifen. Noch kann er ihn abwehren. Und sie hilft ihm dabei, indem sie in die Runde schaut und ein belangloses »Schön hier!« sagt. Er antwortet nicht.

Er schaut sie nur an. Er sieht, daß es in ihr »arbeitet«, wie er es nannte, wenn sie intensiv mit einem Gedanken beschäftigt war. Da gibt sie sich einen Ruck, sieht ihn strenger an, als sie's will, und sagt: Du darfst jetzt, bitte schön, nicht vergessen, daß wir getrennte Leute sind. Das sieht gar nicht danach aus, sagt er flapsig. Sie läßt sich nicht irritieren. Es ist aus, sagt sie deutlicher. Er schluckt, schweigt, greift nach ihrer Hand, hält sie fest, will sie nicht loslassen. Sie reagiert unwillig, ruft ihn leise, aber energisch beim Namen. Er läßt ihre Hand nicht los. Um nicht aufzufallen, beugt sie sich zu ihm vor und zischt ihn an: Wenn du nicht losläßt, rufe ich den Kellner. Da wird er wach, gibt ihre Hand frei, murmelt eine Entschuldigung. Sie atmet durch.

Hast du das noch immer nicht begriffen? fragt sie ihn. Er schüttelt wie ein kleiner Junge den Kopf. Sie vertieft sich in ihr Eis, er rührt in seinem herum. Nach einiger Zeit sagt er: Ich kann ohne dich nicht leben, wirklich nicht. Abwehrend nimmt sie die Hände hoch und verschränkt sie. Das hättest du dir eher überlegen sollen, entgegnet sie kühl. Hab ich aber nicht, gibt er trotzig zurück. Siehst du denn nicht ein, daß die Ehe so nicht weitergehen konnte? Noch einmal versucht sie, mit ihm ins Gespräch zu kommen. Doch sie findet nicht die richtigen Worte. Und sie weiß auch, warum.

Er rührt weiter in seinem Eisbecher und sagt, ohne sie dabei anzusehen: Wenn du nicht wiederkommst, weiß ich nicht,

wie's weitergehen soll. Du fehlst mir so. Du fehlst mir überall. Ohne dich bin ich ein Nichts, buchstäblich ein Nichts. Seine Stimme klingt gepreßt.
Er scheint ihr um Jahre gealtert. Er wirkt tatsächlich so, als ginge es mit ihm nur noch bergab. Sie empfindet tief seine Hilflosigkeit. Er tut ihr »unendlich leid«. Wieder meldet sich ihr »schlechtes Gewissen«. Ob sie allen Ernstes diesen Menschen da verlassen kann?
Er scheint ihre Gedanken erraten zu haben. Vorsichtig sucht er ihren Blick. Und den sieht sie! Diesen Mitleid heischenden Blick kennt sie. Diese »Tyrannei der Schwachen«, die durch Blicke dieser Art die Freien unterjochen wollen, ist ihr mehr als vertraut.
Plötzlich ist sie ernüchtert. Eben noch spürte sie in sich aufkommende Wärme, die sie kaum zurückdrängen konnte. Vorbei! Auch der in den letzten Monaten oft empfundene Drang, ihm klarzumachen, warum sie gegangen ist – vorbei! Sie sieht auf ihn, sieht auf sein gepflegtes Haar, auf seine hohe Stirn, auf seine feingliedrigen Hände. Sie kennt ihn so gut, doch jetzt ist ihr, als sehe sie auf einen Fremden. Ruhig steht sie auf, reicht ihm förmlich die Hand und läßt ihn zurück.

Es ist so wichtig, altes, verbrauchtes Leben sein zu lassen. Es ist so wichtig, was war, so weit wie möglich zu bejahen und sich von der Vergangenheit keinen schwarzen Stempel aufdrücken zu lassen. Es ist so wichtig, sich weder auf einen Menschen noch auf die durch ihn ausgelöste Not zu fixieren. Es ist so wichtig, aus der alten Zeit zu lernen. Aber gerade deshalb ist es auch so wichtig, bei der Frage nach den Ursachen der Krise über das hinauszufragen, was gewohntem Denken entspricht.

Absage an den Partner oder an den Menschen?

Alte Freunde, die nicht mehr mit ansehen können, daß er nach der Trennung nicht »in die Gänge« kommt, haben ihn zu einer Party eingeladen. Darüber hat er sich gefreut. Einerseits. Es tut ihm gut, daß er nicht von allen abgeschrieben wird. Andererseits weiß er nicht so recht, ob er wirklich hingehen soll. Die anderen Gäste kennen ja auch Karin. Sie kam immer gut bei den anderen an. Was werden die denken, daß ausgerechnet diese Frau ihn verlassen hat?

Aber da ist noch etwas anderes, das ihn zögern läßt. Immerhin hat er es im Beruf zu etwas gebracht. Er hat Erfolg gehabt, hat ihn immer noch. Irgendwie paßt das nicht zusammen, sinniert er, im Beruf Erfolg zu haben und in der Ehe nicht. Das ist irgendwie gegen die Ehre. Was würden die wohl hinter seinem Rücken reden, wenn die ihn auf der Party sähen?

Während er so dasitzt, nachdenkend, grübelnd, gar nicht eins mit sich, bemerkt er, daß er noch immer den vornehmen Anzug vom Geschäft trägt. Karin hat ihn spöttisch Präsentationsgewand genannt. Er schaut an sich herunter. Es ist ihm unangenehm, daß er noch immer »mit dieser Kluft herumläuft«. Sie paßt nicht zu ihm, jedenfalls zu Hause nicht. Warum eigentlich nicht? begehrt er plötzlich auf. Warum um alles in der Welt sollte ich diesen Anzug nicht auch zu Hause tragen?! Bin ich nun Geschäftsführer oder nicht?! Schon beim Aussprechen dieses Satzes kommt er sich albern vor. Er sieht Karins spöttisch lächelndes Gesicht vor sich. Doch im Hintergrund ihrer Augen sieht er noch etwas anderes: ihre Trauer, ihr Mitleid, ihre Ratlosigkeit.

Er gießt wieder Whisky in sein kunstvoll geschliffenes Glas. Wenigstens das hat er gerettet, als der Haushalt geteilt wurde. Nimm's bloß mit, hatte Karin ihm aggressiv zugerufen, wie könntest du ein Geschenk der Firma mir überlassen! Dann hatte sie sich umgedreht – und geweint.
Die Firma. Sie war für Karin im Lauf der Zeit zum roten Tuch geworden. Sie hatte nichts mehr von ihr hören wollen. Ja, die Firma hatte zwischen ihnen gestanden. Dich will ich als Mann, dich, hatte sie viele Male gesagt – nicht den Geschäftsführer dieser dreimal verfluchten Firma.
Den Satz hört er jetzt wieder so deutlich, als habe sie ihn gerade eben gesagt. Damals hatte er sich verteidigt und sie darauf »hingewiesen«, wie hart der Markt umkämpft wäre und daß die anderen nur darauf warteten, ihm seinen Posten streitig zu machen. Von Sachzwängen hatte er geredet und auch davon, was es für ihn bedeutete, sich hochgearbeitet zu haben. Damals war er nur über sie empört gewesen und hatte ihre Vorhaltungen mit dem nicht gar so intelligenten Begriff »typisch Frau« quittiert.
So denkt er heute nicht mehr. Da ist etwas anderes, was ihm durch den Kopf geht. Er reißt sich das »Präsentationsgewand« vom Leib und wirft es wütend in die Ecke. Ich Idiot! sagt er laut und böse. Wie konnte ich nur so blind sein! Dieses Maß an Dummheit übersteigt das übliche Maß! Ja klar, Erfolg im Beruf hatte er gehabt. Aber der Preis?
Sein Blick fällt auf ein Bild von ihr, das er auch in der neuen Wohnung auf den Schreibtisch gestellt hat. Diese Augen, diese Lippen, diese Ausstrahlung! Seine Frau! Seine Frau? Das war

einmal, hört er sich grimmig sagen. Ich bin sie los. Ich hab sie verloren. Nein, ich hab sie nicht nur verloren, ich bin auch der Verlierer.

Er beißt sich auf die Unterlippe. Er bemerkt es nicht. Unaufhörlich stößt er Luft durch die Nase. Er bemerkt es nicht. Seit mehreren Jahren hat er auch nicht bemerkt, daß seine Seele in der Nacht – aus Zerknirschung über sein Verhalten – seine Zähne gegeneinander kämpfen läßt. So oder ähnlich hat es der Zahnarzt ihm gestern zu erklären versucht.

Wie nur konnte das passieren, daß er selbst sein eigenes Glück verloren hatte? Wie? Weil er viel zu wenig Partner seiner Frau gewesen war! Weil seine Geltungssucht stärker gewesen war als seine Sehnsucht nach ihr! Weil er seine Befriedigung mehr aus den anerkennenden Worten seines obersten Chefs als aus dem Lächeln seiner Frau bezogen hatte. Weil er fixiert gewesen war auf seinen Beruf. Deshalb hatte er als Partner versagt.

Das Telefon klingelt. Sie ist am Apparat. Sie will ihm nur rasch sagen, daß er die Kinder morgen nicht sehen kann, weil sie bei Nachbarn eingeladen sind. Die Kinder möchten so gern dorthin. Ja, selbstverständlich, sagt er rasch.

Sein Ton läßt sie aufhorchen. Sie legt nicht gleich auf. Eine Weile sagt sie nichts, dann: Wie geht es dir? Nun schweigt er, weiß nicht so recht, was er sagen soll. Dann: Ach, weißt du, ich sitze hier und brüte. Genau genommen: Ich habe gebrütet. Und mir ist gerade etwas klargeworden. Er spricht nicht weiter, will vermeiden, daß sie denkt, er wolle sie unter Druck setzen. Sie spürt – man kennt sich doch so lange –, daß er anders ist als sonst.

Nun sag schon, drängt sie. Noch zögert er, dann sagt er – mit belegter Stimme: Ich fange an zu begreifen, wieviel ich falschgemacht habe. Ich begreife allerdings noch nicht so ganz, wie´s kommen konnte …, wie ich so blind sein konnte. Sie schweigt. Dann sagt er weiter – seine Stimme klingt etwas gelöster, und was er sagt, wirkt nicht selbstmitleidig. Ich weiß nur: Der Beruf war mir wichtiger als die Ehe. Und diese Erkenntnis ist bitter. Bist du noch da, fragt er, weil sie nichts sagt. Ja sicher, antwortet sie. Einen Augenblick ist ihm, als sei sie ihm ganz nahe. Dann hört er vom anderen Ende der Leitung den Satz: Ja, du warst mit deinem Beruf verheiratet, nicht mit mir. Beide schweigen. Nach einer endlos scheinenden Zeit: Es wäre nicht schlecht gewesen, wenn du diese Einsicht früher gehabt hättest, sagt sie. Er nickt mit dem Kopf, als sähe sie ihn, und brummt zustimmend.

Verachtest du mich eigentlich? fragt er plötzlich. Nun stößt sie Luft aus der Nase, kurz und energisch: Was denkst du nur! Merkst du nicht, daß ich richtig gut finde, was du da von dir gibst? Und noch einmal, als wäre das jetzt noch wichtig: Hörst du? Ich finde das richtig gut. Wenn es nicht so pathetisch klänge, würde ich sagen: Du bist als Mensch gereift …

Dann, fast unwillig: Warum seht ihr Männer euch immer nur als Männer – nicht auch mal als Menschen? Er kann mit diesem seltsam klingenden Satz wenig anfangen. Wie meinst du das? fragt er zögernd. Er hört, daß sie einen Schluck zu sich nimmt, möchte sie fragen, was sie trinkt, vermeidet jedoch diese Vertrautheit – und spürt dabei einen kleinen Schmerz.

Ja, beginnt sie wieder, wenn du mich fragst, ob ich dich ver-

achte, denkst du nur an den Mann, der du für mich einmal warst (das Wörtchen »war« sticht ihn) und nicht an den Menschen, der du ja auch für mich warst – und bist.
Ist das bei euch Frauen denn anders? lenkt er ab. Vielleicht nicht, entgegnet sie nach einigem Nachdenken. Wieder bleibt die Leitung für kurze Zeit still. Und der Mensch, mit dem du jetzt sprichst? fragt er unsicher. Den schätze ich immer noch, sagt sie mit fester Stimme, und … den mag ich auch immer noch, fügt sie leise hinzu.

Viele, wenn nicht die meisten Menschen, die von ihrem Partner verlassen worden sind, fühlen sich *verletzt* und *gekränkt* und klagen über den Verlust von *Selbstvertrauen*. Sie fühlen sich in ihrem Wert gemindert. Und diese negative Erfahrung kann folgenreich sein, zunächst für die *Gegenwart*, dann auch für die Zukunft. Das kann in der ersten Zeit nach der Trennung zum Beispiel so aussehen:
Der Verlassene wagt sich nur zögerlich »unter die Leute«. Er fürchtet das Urteil der Verwandten, Bekannten und Freunde. Er argwöhnt, die Freunde könnten den *anderen* favorisieren, er selber dagegen bliebe mutterseelenallein. Der Gedanke setzt sich in ihm fest, andere hätten früher als er selbst die Trennung kommen sehen etc. Sogar die Nähe *fremder* Menschen kann eine bis dahin nicht gekannte Unsicherheit auslösen. Und selbst die Dinge des täglichen Lebens, die er bislang souverän erledigt hat, gehen ihm nicht wie gewohnt von der Hand. Die Verunsicherung kann jedoch noch weitreichendere, nämlich die *Zukunft* bestimmende Folgen ha-

ben. Sie wirkt unter Umständen so tief, daß er nicht mehr zu hoffen wagt, jemals wieder eine gelingende Partnerschaft führen zu können.

Diese Not ist zwar verständlich. Ist sie auch *begründet? Müssen* sich zwangsläufig Minderwertigkeitsgefühle entwickeln, wenn der eine den anderen verläßt? Von der persönlichen Antwort auf diese Frage hängt weithin ab, ob ein in seiner Beziehung Gescheiterter neue Hoffnung entwickeln kann.

Ich frage: Ist denn der Partner, der sich verabschiedet hat, *Maß* der Beurteilung des anderen? Diese Vermutung liegt ja nahe, wenn der, der geht, den, der bleibt, mit Minderwertigkeitsgefühlen zurückläßt. Sie liegt auch deshalb nahe, weil wahrscheinlich niemand den Verlassenen so gut kennt wie der, der gegangen ist.

Ich frage dagegen: *Was* kann denn der, der gegangen ist, an dem Verlassenen beurteilen? Diese oder jene Schwäche gewiß. Diese oder jene Stärke auch. Vielleicht weiß er auch von bitteren Stunden, von denen sonst niemand weiß. Daraus jedoch den Schluß zu ziehen, der, der gegangen ist, könne den anderen in seinem *Wert* beurteilen, ist eine verwegene Vorstellung! *Was* er allein »beurteilen« kann, ist, ob er mit seinem bisherigen Partner weiterleben will oder nicht. Sonst nichts! Und deshalb kann der Entschluß zur Trennung letztlich nur eine Absage an den *Partner der Partnerschaft* sein, niemals aber ein Urteil über den Wert des anderen *Menschen.* Und deshalb ist der Mangel an Selbstvertrauen als Folge der Trennung ein tiefgreifendes Mißver-

ständnis dessen, der nicht zwischen seiner *Rolle* als Partner und seinem *Sein* als Mensch unterscheidet.
Noch einmal: *Was* kann der eine am anderen beurteilen? Lediglich dieses: ob *er* – *er* in seiner Subjektivität! – den Partner unerotisch fand oder langweilig oder kratzbürstig oder geldgierig oder machthungrig oder unaufmerksam oder, oder ... Mehr nicht! Wie oft sagen Freunde oder Bekannte eines Paares von einer verlassenen Frau oder einem verlassenen Mann: Wie konnte er *diese* tolle Frau, wie konnte sie *diesen* tollen Mann verlassen? Selbstverständlich entbehrt auch dieser Satz der Objektivität. Er zeigt jedoch, daß das »Urteil« desjenigen, der gegangen ist, so gut er den anderen auch kennen mag, immer nur eines ist unter vielen möglichen. Darum ist es schon fast tragisch, wenn die, die verlassen wurden, zu allem leidvollen Überfluß glauben, sie seien weniger wert als bisher.

Wenn das so einfach wäre, höre ich manchen sagen. Sind wir nicht auch soziale Wesen? Ist unser Selbstvertrauen nicht immer auch davon abhängig, was andere von uns halten, besonders aber davon, was der Partner von uns denkt?
Kein Widerspruch! Nur: Wer in Not geraten ist, kommt nicht darum herum, tiefer als andere zu graben. Wonach? Nach tieferen Einsichten als den bisherigen, nach tieferen Quellen als den bisher erschlossenen. Darin liegt ja die Gunst der Krise. Was heißt das konkret? Ich denke an Fragen, die dem Verlassenen helfen könnten, den durch Trennung entstandenen Minderwertigkeitsgefühlen entgegenzu-

wirken. Denn Fragen, die tiefer bohren, bringen manchmal tiefere Antworten.

- Kann es sein, daß Sie während Ihrer Partnerschaft das Urteil Ihres Partners wichtiger nahmen als Ihr eigenes? Auf Ihr *eigenes* hörten Sie nicht?

- Warum fühlen Sie sich nach der Trennung weniger wert? Weil Sie sich selbst diese Meinung gebildet haben – oder weil Ihr früherer Partner Äußerungen dieser Art gemacht hat? *(Darüber würde ich lange nachdenken.)*

- Finden *Sie* einen anderen Menschen *weniger* wert, weil er verlassen wurde? *(Ich würde nicht gleich antworten.)*

- Sind Sie der Meinung, Sie könnten einen anderen Menschen *ganz* verstehen (und also beurteilen)? Wenn nicht – würden Sie ihm ein Urteil dann über *Sie* erlauben?

- Sie fühlen sich nach der Trennung minderwertig und können dafür Ursachen nennen? Kann es sein, daß Sie diese problematischen Eigenschaften und Verhaltensweisen, an die Sie jetzt denken, schon *während* der Partnerschaft kannten und sich trotzdem akzeptieren konnten?

- Sind *Sie* der Meinung, Sie hätten Ihrem Partner nicht genügt? Es kann *nicht* sein, daß seine Liebesfähigkeit nicht gereicht hat?

Nun ist bekannt, daß im Freundes- und Bekanntenkreis nicht nur Sätze über den gesagt werden, der gegangen ist, sondern auch über den, der verlassen wurde –, Sätze, die frei sind von jedweder Sensibilität und Menschlichkeit. Die meisten bleiben dem Betroffenen glücklicherweise erspart, weil er sie nicht hört. Um ihn zu verunsichern, reichen jedoch jene, die ihm zugetragen werden. (Macht es nicht nachdenklich, daß gerade die in einer Partnerschaft *Gescheiterten* das mit Abstand »beliebteste« Klatschthema sind? Nur: Sag mir, worüber du dich am meisten aufregst, und ich will dir sagen, worüber du selbst noch einmal gründlich nachdenken solltest!)
Über eine gewisse Zeit beliebtes Thema »der Leute« zu sein, fordert allerdings dazu heraus, freier als bisher der Beobachtung und der Meinung anderer Menschen standhalten zu lernen. Dazu einige Fragen und Anregungen:

- Wonach bemißt sich der Wert eines Menschen?
  Nach dem, was er hat? Nach dem, was er kann? Nach dem, was er gilt?
  Nach seiner Glückserfahrung? Nach seiner Leiderfahrung?
  Gibt es überhaupt ein Maß zur Beurteilung eines Menschen?
  Und gibt es *einen* Menschen, der es kennt?

- *Keiner kann, darf und muß sich mit einem anderen vergleichen.*

Denn kein Mensch ist einem anderen gleich.
Jeder hat sein eigenes Naturell, seine eigene Geschichte, seine eigene Verweigerung, seine eigene Bejahung. Darin liegt der besondere Grund, warum kein Mensch beurteilbar ist.
Jeder hat seine eigene, unverwechselbare Aufgabe: in der Partnerschaft, im Beruf, im Leben überhaupt – und ist auch darin mit der keines anderen vergleichbar.
Gäbe es überhaupt ein Maß zur Beurteilung eines anderen, dann wäre es dieses: das, was er *selbst* aus seinem Geschick und seinen Voraussetzungen gemacht hat.

- Warum weichen Sie anderen nach der Trennung aus? Weil die anderen Ihnen Ihre Würde nehmen könnten? Können sie das?
  Mit jedem Ausweichen vor anderen verstärkt sich Ihre Angst – und also auch die vor Menschen. Mit jedem Nicht-Ausweichen vermindert sich Ihre Angst – und also auch die vor anderen.

- Kann es sein, daß Sie sich wegen der Angst vor der Meinung der anderen neue Wünsche nicht erfüllen? Wenn das so sein sollte, werden Sie vielleicht auch bemerkt haben, daß Sie *Ihr eigenes* Leben nach den Vorstellungen der anderen auszurichten begonnen haben.

- Sie haben, sagen Sie, schlechte Erfahrungen mit Menschen gemacht. Das glaube ich Ihnen. Gute Erfahrungen haben Sie *nicht* gemacht?

- Haben Sie Angst davor, daß jemand Sie kritisieren könnte? Sie haben auch Angst davor, daß die Kritik zutreffen könnte? Die Kritik, die Sie fördern könnte, mögen Sie nicht hören?

- Sie verlieren Ihren Wert, wenn andere Sie verkennen? Sie fühlen einen Zuwachs an Wertgefühl, wenn andere Sie loben? Sie empfangen also das Gefühl, wert oder unwert zu sein, von anderen? Auf Ihr *eigenes* Urteil legen Sie keinen Wert? Dann würde ich mich nicht über Ihre Angst vor Menschen wundern.

- Es gibt wenig Hilfreicheres, die Angst vor dem Urteil der Menschen zu überwinden, als dieses: danach zu fragen, was für Sie *wichtiger* ist als diese Angst?

Ich kann Ihnen versichern, daß jede spürbare »Arbeit« an dem, was uns an uns selbst nicht gefällt, eine *Zunahme* an Selbstver*trau*en zur Folge hat, weil wir uns selber *treu* zu werden beginnen. Das gilt selbstverständlich auch für den, der den anderen bereits verloren hat.

Umgang mit Unabänderlichem

Im Lauf der Zeit schält sich bei den meisten Menschen, die verlassen worden sind, ein eindeutiges Gefühl heraus, ob noch Hoffnung auf die alte Partnerschaft besteht oder nicht. Gehen wir in diesem Kapitel davon aus, daß sie nicht mehr besteht. Gehen wir weiter davon aus, daß auch nach längerer Trennungszeit der Verlust des anderen nach wie vor ein schwerer Schicksalsschlag ist.

Er sitzt auf dem schmalen Balkon seiner kleinen Wohnung. Die Zeitung ist zu Boden gefallen. Er hebt sie nicht auf. Ein vorbeifliegender Vogel hat seinen Tisch bekleckst. Er wischt den Klecks nicht weg. Dumpf starrt er vor sich hin.
Die ganze Nacht hat er kein Auge zutun können. Es ist ihm endlich klargeworden, daß sie nie wiederkommen wird.
Schwer wie Blei ist er aufgestanden und hat sich zur Arbeit gequält. Auch der Tag ist grausam gewesen. Die Kollegen haben ihn nicht anzusprechen gewagt. Jeder hat geahnt, daß er mit etwas beschäftigt war, das seine Kräfte offensichtlich überstieg.
Die letzten Sonnenstrahlen treffen auf seine Stirn. Das ist ein Hohn, geht ihm durch den Kopf. Und als in der Nähe ein zu laut eingestelltes Radio einen Tango spielt, möchte er laut losheulen. Er tut es nicht. Er steht auch nicht auf. Er ist ganz einfach fertig mit der Welt.
Immer wieder sieht er ihr Gesicht vor sich. Vergeblich versucht er, es beiseite zu schieben. Es gelingt ihm nicht. Es scheint, als seien alle Kräfte aus ihm herausgeflossen.

Es ist also endgültig, sagt er leise vor sich hin. Es ist aus, hat sie entschieden, sagt er etwas lauter. Rien ne va plus! Nichts geht mehr…

Was kann ein Mensch tun, wenn endgültig klar ist, daß die Partnerschaft unabänderlich vorbei ist?
Es reicht nicht, in der Auseinandersetzung mit Not nur über Ereignisse und Tatsachen zu reden. Es genügt nicht, sich nur mit Gefühlen zu beschäftigen. Es ist auch notwendig, sich *wert*-vollen Gedanken zuzuwenden. Warum?
So individuell die Noterfahrung des Einzelnen sein mag, so persönlich er nach Wegen zur Überwindung seiner Problematik zu suchen hat, es gibt *auch* Grund- und Erfahrungswerte allgemein menschlicher Art, die wir kennen müssen, wenn Leben wieder gelingen soll. Einige dieser Grund- und Erfahrungswerte deute ich im folgenden an. Sie sind mir in der Arbeit mit unabänderlichem Schicksal wichtig geworden. Wer sich mit ihnen auseinandersetzt, wird allerdings nur dann Gewinn davon haben, wenn er sie nicht nur kurz bedenkt, sondern sie auf sich ein-wirken läßt. Auch die beste Salbe heilt keine Wunde, wenn sie nur über die kranke Haut gewischt wird.

- Jedes Leid, das ein Mensch *gestaltet*, erweitert seine Persönlichkeit.
  Die *Freiheit* dazu haben die meisten, die Bereitschaft aber, sie auch in schweren Zeiten zu *leben*, entwickeln so viele nicht. Schicksalhaft ist das nicht.

Wer sein Leid gestaltet, fragt danach, woher es kommt und *wozu* es herausfordert. Er fragt danach, wie er *mit* ihm lebendig bleiben kann. Denn wichtiger als die Überwindung der Not ist – letztlich – das Ja zum Leben *trotz* der Not.

Dieses Ja hängt nicht nur davon ab, *was* einem Menschen an Leid widerfährt. Es hängt auch und mehr noch davon ab, ob er sich fürs Leben entscheidet, fürs Leben *entscheidet.*

Was kann bei dieser Entscheidung behilflich sein? Vielleicht eine Besinnung auf diesen Satz: *Der* leidende Mensch wird sich am ehesten *fürs* Leben entscheiden, der sich tief genug fragt, ob er tatsächlich die *Hauptsache* verloren habe.

○ Manchmal tut Leben weh, schrecklich weh. Alles schmerzt. Jeder Körperteil, jeder Seelenteil schmerzt. Du weinst, du schreist, du tobst – du bleibst *im* Schmerz, und der Schmerz bleibt in dir. Du fürchtest um deinen Verstand. Du weißt nicht, wie du das, was du erlebst, aushalten oder gar überleben sollst. Was kannst du dann tun?

Zunächst einmal: Du hast ein *Recht* auf Trauer und auf Klage. Denn Trauer und Klage sind die erste und menschlichste Antwort auf das Leid. Wenn du jetzt nicht trauertest und klagtest, hättest du deinen Partner nie geliebt. Darum: Wenn´s geht, such zuerst die Nähe eines Menschen, dem du vertraust, und sprich dich bei ihm aus. Manchmal wachsen Menschen über sich hinaus, wenn man sie herausfordert. (Und wenn man sie später »Engel« nennt, so ist das vielleicht gar nicht so falsch.)

Wenn's geht, schreib auf, wie die Situation ist. Das schriftliche Wort veranlaßt dich zur Klärung, oft mehr noch als das gesprochene. Jede Konkretisierung und Klärung dessen, was dich bedrängt, schafft Distanz zu dem, was dir Not macht, und kann daher ein erster Schritt auf der Suche nach einem Aus-Weg sein.

Wenn dir nach Weinen zumute ist, dann weine. Wozu hast du Tränenkanäle? Wenn dich ohnmächtige Wut packt, dann widerstehe ihr nicht. Wenn dich das Leben an die Wand nagelt, dann mußt du dafür sorgen, daß wenigstens die Reste deines Lebens lebendig bleiben.

Manchmal kann es in rabenschwarzen Stunden auch gut sein, nichts mehr, gar nichts mehr zu tun und sich dem, was ist, einfach *hinzuhalten* und »es« mit sich machen zu lassen, was »es« will. Es ist schon merkwürdig, daß manchmal dann, wenn wir aufhören, für uns zu kämpfen oder nach Gerechtigkeit zu schreien, das unheimliche Dunkel um uns herum sich aufzulösen beginnt. Warum das so ist? Müssen wir das wissen? Vielleicht ist das die Stunde, in der uns aufzugehen beginnt, was wir in *Wirklichkeit* zum Leben brauchen.

- Wichtig ist, die Tatsache des Verlustes klar und deutlich *auszusprechen.* Denn nichts ist in leid-vollen Situationen

wichtiger als dieses, sich dem zu *stellen*, was ist. Wer sich dem stellt, was wahr –, und nicht verdrängt, was unumstößlich ist, erleidet zwar *zunächst* einen tiefen Schmerz, gewinnt dafür aber neues Stehvermögen. Er dringt durch zum inneren »Raum« der Klarheit. Er weiß nicht nur, er hat es auch begriffen: *Der Partner kommt nicht mehr zurück.* Ein *neuer* Lebensabschnitt beginnt, ob ich es will oder nicht, ob ich den Himmel stürme oder nicht. Der Mensch, den ich liebe, hat *meinen* Lebenskreis verlassen, *und das für immer.*
Dann kann es sein, daß sich die Spannungen und Überspannungen der letzten Wochen und Monate zu lösen beginnen, daß das Grübeln nachläßt, daß die vergeblichen Bemühungen um Wiederversöhnung aufhören. Dann kann das bange Hoffen auf die *konkrete* Wunscherfüllung enden und sich die Hoffnung, die aufs *ganze* Leben gerichtet ist, zu entwickeln beginnen.

○ Manchmal scheinen wir keinen Boden unter den Füßen zu haben, keinen erkennbaren. Manchmal durchzieht uns die Angst, als gäbe es für sie keinen Widerstand mehr. Es ist dann so, als wäre vieles, wenn nicht alles zum Fürchten. Manchmal sehen wir Bilder, deren Maler nicht die Wirklichkeit ist, sondern unsere eigene Angst. Wenn aber die Angst die Bilder malt, verengt sich unser Blick, dann fehlt ihm jeder Weitblick. Dann übertragen wir unsere angstvollen Vor-Stellungen auf das, was in Wirklichkeit ganz anders ist und anders aussieht. Dann

sprechen wir von Realitäten und meinen das, was wir vor Augen sehen. Die *Wirklichkeit* jedoch ist tiefer und umfassender als die Realität. Sie zeigt sich allerdings nur dem, der das, worauf er mit Angst blickt, nicht für die Grenze seines Lebens hält. Die Wirklichkeit? Sie zeigte sich mir in einem Traum zu einer Zeit, die für mich so leicht nicht war:
Ich sah auf ein weites und bewegtes Meer. Es schien, als habe es nur Untiefen. Ich begann mich zu fürchten. Da tauchte aus den Wogen eine große, herrlich geschwungene weiße Sandbank auf, wie ich sie nie gesehen hatte. Sie lud mich geradezu ein, mich auf ihr niederzulassen. Ein tiefes Gefühl von Glück durchzog mich.
Die Zeit nach diesem Traum – sie wurde leichter.

○ Wir könnten unser Leben kraftvoller, vor allem auch wahrhaftiger gestalten, wenn wir mehr von der Polyphonie, der *Mehrstimmigkeit* des Lebens und unserer Seele, wüßten. Mehrstimmig geht es in uns fast immer zu, einstimmig nur selten. Was heißt das für unseren Zusammenhang? Ein Mensch ist – aus der Sicht des Unbewußten – immer *mehr* als sein Leiden. Unter der Trauer wartet oft die Freude, neben der Angst der Mut, über der Wut zeigt sich Verständnis. Vor dem Haus der Ausweglosigkeit wird ein Ausweg gepflastert, in die Mauer ein Tor gebaut. Der Teil in uns, der zum Beispiel Schmerz fühlt, ist selbst frei von Schmerz. Der Teil in uns, der zum Beispiel tiefe Traurigkeit empfindet, ist selbst frei von Traurigkeit. Der Teil in uns, der Angst spürt, ist selbst frei von Angst. Damit ist gesagt, daß jeder Mensch, der zum Beispiel Schmerz, Traurigkeit, Angst oder andere bedrängende Gefühle wahrnimmt, »mehr« ist als sein Problem – und also »mehr« als das, was ihn einengt, niederzieht oder krank macht.

Es kann sein, daß sich im Leid zum Beispiel nur die Trauer dem Bewußtsein zeigt. Doch heißt das nur, daß *gegenwärtig* die anderen Gefühle und Empfindungen sich nicht zeigen oder nicht verfügbar sind, es sei denn, man suchte sie. Ein für mich unvergeßliches Beispiel dafür ist der Traum einer Frau, die in einem solch elenden Zustand war, daß ich den Ausbruch einer Psychose oder einen Selbstmord befürchten mußte. In diesem Zustand zeigte ihr die Seele durch den folgenden und weitere Träume jene verschüttete Seite, die eine Wende der Krise einleitete:

Mutterseelenallein stand sie auf dem Gipfel eines Gebirgsmassivs, von rabenschwarzer Nacht umgeben. Sie war nicht nur zutiefst einsam, sie hatte auch schreckliche Angst. Da hörte sie zu allem Überfluß jemanden aus der Tiefe zu ihr emporsteigen. Dann stand er neben ihr – ihr ärgster Feind. Doch kaum hatte sie die angst-volle Situation begriffen, sah sie, daß über ihrem Stand-Ort ein helles Licht aufleuchtete: drei wunderschöne Bilder, inkafarben, leuchteten ihr von einem noch höher gelegenen Gipfel entgegen, Bilder des Friedens.

Sie vergaß die Finsternis, in der sie stand. Sie vergaß auch ihren

Feind. Sie sah nur in diese Bilder hinein, wurde von ihnen angezogen und beglückt.

Was heißt »Polyphonie der Seele« praktisch?
Es gibt gute, einfache Fragen, die sich ein Mensch, wenn er nicht mehr weiterweiß, stellen kann, zum Beispiel diese:
Was empfinde ich – *nur* Wut?
Was empfinde ich – *nur* Angst?
Was empfinde ich – *nur* Verlorensein?
Was empfinde ich – *nur* Hoffnungslosigkeit?

Und was gewinnt er dadurch? Wenigstens dieses: Jede Differenzierung niederziehender Gefühle verringert deren globalen Druck. Denn nicht alles, was uns bedrängt, ist in *gleicher* Weise einengend. Das eine ist weniger schwer zu ertragen als das andere. Es kann aber auch sein, daß sich durch eine solche Frage ein Zugang zeigt zu einem fast vergessenen starken Gefühl.

Eine andere konkrete Hilfe: Wenn Sie zum Beispiel Angst haben, dann lassen Sie die folgenden Sätze auf sich einwirken. Merken Sie sie sich vorher gut, damit Sie sie nicht ständig erinnern müssen:
Ich habe Angst – aber die Angst hat nicht mich.
Die Angst bindet sich an mich – aber ich binde mich nicht an sie.
Die Angst stört mich – aber ich behaupte meinen Standort.
Die Angst ist das eine – ich selbst bin das andere.

Ich bin *mehr* als meine Angst.
Ich bin *mehr* als meine Not.
Ich bin ich selbst.
Ich fühle mich selbst.

- Der Körper kann erkranken, die Seele auch, der *Geist* dagegen *nicht*. Ob Sie sich an die *Erfahrung* erinnern können, als Ihnen *Ihr* Geist – Ihre Vernunft, Ihre Phantasie, Ihre Intuition, schon in *bedrängter* Zeit neue Freiräume eröffnete, obwohl Sie sich auf eine lange Leidenszeit eingestellt hatten?
  Viktor Frankl hat von der »Trotzmacht des Geistes« gesprochen – und sie ist in einer schweren Krise vielleicht der stärkste Motor zur Wiederbelebung der Hoffnung. Was ist diese Trotzmacht?
  Das ist die in *jedem M*enschen vorhandene, jedoch oft vergessene Grundfähigkeit, sich von bedrängenden Emotionen distanzieren und sich *befreienden* Gefühlen zuwenden zu können. Sie ist die gesammelte, unverbrauchte geistige Kraft, die einen Menschen dazu befähigt, sich nicht nur gehen, sondern auch *stehen* lassen zu können. Sie ist ein Aufbegehren gegen Ängstlichkeit, Selbstmitleid, Resignation und andere lebensverneinende Empfindungen und Gefühle. Sie verschafft ihm die Erfahrung, daß er *größer* sein kann als das, was ihn kleinzumachen droht.
  Diese Trotzmacht, die ihren Grund in der Liebe zum Leben hat, ist schon immer eine der großen Kräfte gewe-

sen, die den Mut zur Annahme oder Veränderung einer schwierigen Lebenssituation *fühlbar* werden ließen.

- Solltest du aber einmal in die Stunde kommen, in der du dich fragst, ob du noch *leben* willst, dann frag dich *auch*, ob du schon *sterben* willst.
  Und solltest du einmal in die Stunde kommen, in der du fragst, ob du *dir das Leben nehmen* willst, dann frag dich auch, ob du es *behalten* möchtest.

- Wenn es gar nicht anders geht, und manchmal geht es nicht mehr anders, dann mußt du deine Not, deine Angst, deine Bedrückung, deine Einsamkeit, deine Verlorenheit, was immer es sei, als deinen ganz persönlichen Lebensfeind sehen und ihn anschreien oder anbrüllen: Ich will dich nicht mehr! Ich bin deiner überdrüssig! Ich habe dich satt! Verschwinde aus meinem Leben!
  Stampf dabei mit den Füßen auf den Boden! Trommle mit der Faust gegen die Wand! Schieb mit energischen Bewegungen deiner Hände deinen inneren Feind weit weg von dir, weit hinaus aus deinem Leben! Und verlaß dich darauf, daß dein Geist, wenn er zum Orkan wird, freies Land für dich gewinnen wird.
  Einmal braucht das jeder: den festgehaltenen Schrei der Seele loszuschicken, sich aus-zuwüten und zu empören. Jeder? Jedenfalls der, den die Seile der alten Zeit noch immer aus dem Gelände der Gegenwart in die Un-Zeit der Vergangenheit zurückziehen. Der Geist ist zwar wil-

lig, über das, was war, den Mantel des Vergessens auszubreiten, die Seele jedoch hat damit oft ihre gar nicht liebe Not.

Es ist zwar nobel, angesichts des Leidens nicht aus der Haut zu fahren. Es ist respektabel, auf geistigem Wege Verletzungen bewältigen zu wollen. Doch ehrenrührig ist das nicht, für eine gewisse Zeit der Seele die Schleusen zu öffnen, wenn die Trauer, die Wut und die Verzweiflung stärker sind als die innere Freiheit angesichts der Not. Der Auf-Schrei der Seele ist manchmal die letzte Möglichkeit eines Menschen, die Tür zu seinem *eigenen* lebendigen Leben endlich zu öffnen.

- Zu dieser Überlegung ist es nie zu früh: Stellen Sie sich vor, Sie hätten nie gelitten! Stellen Sie sich vor, Sie hätten keine Angst erlebt und hätten nie getrauert. Sie wären nie belogen, verraten oder mißverstanden worden. Sie kennten keine Sehnsucht und wüßten nichts von Verzweiflung. Stellen Sie sich vor, kein verhaßter Mensch hätte Sie jemals angegriffen, keiner hätte Sie je bloßgestellt. Stellen Sie sich vor, Sie kennten keine Verlassenheit, Sie hätten keine Erfahrung mit Leiden – dann hätten Sie auch keine Erfahrung mit Glück.

- Wenn Sie schon den Verlust des Partners nicht ändern können, so können Sie doch – nach und nach – Ihre *Einstellung* zu Ihrem Verlust ändern. Ob Sie das *wollen*? So selbstverständlich ist das nicht. Wer sich *nicht* neu auf

Leben einstellen will, muß wissen, daß er *neue* Erfahrungen abwehrt. Das aber ist kein Schicksal, das ist – freie Entscheidung.

Wer die tiefe Krise, die durch den Verlust eines geliebten Menschen entstanden ist, als Chance für sein *gesamtes* Leben erfahren möchte, wird seine *Einstellung* zu sich und zum Leben ändern *müssen.* Es gibt aber keine Einstellungsänderung *ohne* Änderung der eigenen Persönlichkeit. Es gibt keine Änderung der Persönlichkeit ohne leidenschaftliches Fragen nach dem *Wozu* der Veränderung. Es gibt keine Antwort auf die Frage nach dem Wozu ohne den Glauben an die Sinnhaftigkeit von Leben. Es gibt keinen Glauben an die Sinnhaftigkeit von Leben ohne die Suche nach konkret fühlbarem Sinn. *Der* Mensch aber kommt bei seiner Suche nach Sinn ans Ziel, der sich dem Leben, dem *konkreten* Leben, aussetzt, der nicht vor ihm ausweicht, der nicht *neuen* Erfahrungen ausweicht – der also der Hoffnung die Chance gibt, die sie bis ans Ende der Tage verdient. Und das ist wahr: daß wir die Weite und Tiefe unserer *Möglichkeiten,* uns auf verändertes Leben einstellen zu können, erst dann wirklich erfahren, wenn wir sie *leben.*

Leben kann gelingen, auch wenn ein Mensch ein unumkehrbares Schicksal wie zum Beispiel den end-gültigen Verlust des geliebten Partners hat. Zwar wirkt sich ein solches Schicksal zunächst aufs ganze Leben aus und bestimmt für längere, vielleicht für lange Zeit sein Lebensgefühl. Doch muß es keineswegs das Leben *auf Dauer* bestimmen. Warum ist das so?

- Es gibt zahllose Beispiele dafür, daß Menschen, so stark sie zunächst auch unter ihren Schicksalsschlägen litten, ihr Dasein wieder zu bejahen lernten. Ich könnte mit solchen Beispielen Bücher füllen.
- »Menschsein heißt, sich verändern zu können.« Dieser Grund-Satz Viktor E. Frankls stimmt! Er stimmt deshalb, weil das *Spezifische* des Menschen in seiner Fähigkeit liegt, sich in den wechselnden Situationen seines Lebens frei entscheiden zu können, zum Beispiel für die Resignation oder für den Drang zum Leben, für das Selbstmitleid oder den Mut, für die Dauerklage oder die Annahme dessen, was nun einmal ist.
- Unser Lebensgefühl wird primär nicht von Ereignissen und Erlebnissen positiver oder negativer Art, sondern von unserer *Einstellung* zu ihnen bestimmt. Wie denn sonst könnte man verstehen, warum gerade in unserer Zeit viele Menschen existentiell frustriert sind, obwohl sie weder besonders kindheitsgeschädigt noch neurotisch, noch sozial bedrängt sind? Die Einstellung aber zum Leben, das Ja, das Jein oder das Nein zu ihm, ist ein Akt der *Entscheidung* – und also unserer Freiheit. Freiheit aber ist kein Trieb! Und mehr als ein Wort.

Du bist begrenzt, sagst du, schwach und ausgelaugt.
Kann es sein, daß du auch deshalb ausgelaugt bist und schwach, weil du aufgehört hast, dich nach Freiheit zu *sehnen*?

Was uns begrenzt, hindert uns *nicht* daran, frei zu leben. Daß wir Freiheit *innerhalb* unserer Grenzen nicht leben, ist das Problem. Wir bräuchten ja keine Freiheit, wenn es keine Grenzen gäbe.
Wenn du, wie du sagst, so wenig frei entscheidest, läßt du *dich*, das weißt du, von innen und außen bestimmen. Kannst du dir das zumuten? Gibt es denn Größeres als dieses, sein eigenes Leben selbst zu *führen*?

Ich frage dich: Ist das, was du tust, das, was du *willst*?
Ist das, woran du leidest, das, woran du auch heute noch leiden *mußt*?
Ist das, was du bislang an Engagement für deine Freiheit aufgebracht hast, das, was du dafür aufbringen konntest?
Manchmal lassen wir zu lange Gefühle tragischen Gebarens zu, die niemals neue Freiheitsgefühle gebären …

– Wir wissen aus der Hirnforschung ebenso wie aus der Psychotherapie, daß Menschen weit hinter dem zurückbleiben, was sie mit sich erreichen könnten – und das keineswegs immer schicksalhaft notwendig. Darin aber liegt für den in die Krise geratenen Menschen *die* Chance, daß er durch die Notwendigkeit der Selbstbesinnung *das Beste* aus sich herauszuholen beginnt.

○ Vielleicht ist ein Mensch im Lauf der Zeit *müde* geworden in seinen Bemühungen, ständig den Kopf über Wasser zu halten und wieder Anschluß ans Leben zu suchen.

> Er fühlt sich »ausgelaufen«. Die Gedanken kommen nicht mehr flüssig. Die Phantasien stellen sich nur noch zögerlich ein. Die Intuition hat ihre Tore geschlossen. Er kann nicht mehr entscheiden. Nichts belebt ihn mehr. Er hat die Hoffnung aufgegeben, jemals wieder fühlen zu können, wohin er gehört und wo er zu Hause ist. Er denkt, das Leben habe ihn verlassen.

Wenn das so ist, kann es gut sein, sich für eine Weile einfach *sein* zu lassen, der Müdigkeit *den* Raum zu geben, den sie braucht – und nichts mehr von sich und anderen zu erwarten – für eine Weile! Dazu fällt mir eine gute, ermutigende Geschichte ein:
Ein Forscher war im Dschungel mit Eingeborenen unterwegs, die an einem langen Holzstab seine Koffer trugen. Plötzlich setzten sie die Koffer ab und ließen sich auf den Boden fallen. Der Forscher drohte ihnen, er bat sie, er unternahm vieles, um sie zum Weitergehen zu bewegen. Nichts half. Die Männer blieben sitzen – bis ihm die erlösende Frage kam, warum sie nicht weitergingen. Da sagte einer von ihnen: »Wir können nicht weitergehen, weil unsere Seelen zurückgeblieben sind. Wir müssen warten, bis sie uns eingeholt haben und wieder in uns sind.«

Manchmal darf das sein: das Warten auf sich selbst. Es muß auch sein, denn die innere Welt des Menschen richtet sich nach Regeln, die oft ganz anders sind als die der äußeren, leistungsorientierten Welt.

Von der Gunst, allein zu leben

Selbstverständlich hat jemand, der nicht allein leben will, wenig Neigung, dieses Kapitel zu lesen. Das ist verständlich. Doch wer, vielleicht nur *vorläufig,* keine andere Wahl hat, wäre sich selbst ein Freund, wenn er das Alleinsein nicht nur beklagte, sondern auch nach den *Vorzügen* eines solchen Status fragte. Denn zweifellos hat der, der (wieder) allein ist, nicht nur seine eigenen Probleme, er hat auch seine eigenen *Chancen.* Es geht ja in einem gelingenden Leben immer darum, aus den nun einmal gegebenen Bedingungen das *Beste* zu machen. Jedenfalls ist das die Haltung des Erwachsenen.

Wer sich dem stellt, was nun einmal ist, braucht seinen *Willen.* Das gilt insbesondere für Menschen, die unfreiwillig allein leben. Ich will auf dieses, von Teilen der modernen Psychologie wenig beachtete Phänomen kurz eingehen:

Auf dem Weg, den der Wille zur Tat geht, lagern manche Gestalten. Die einen sind dem Willen gut und ihm behilflich, den weiteren Weg zu finden. Die anderen unternehmen alles, um ihn in seinem Vorhaben zu behindern. Zu den *Freunden* des Willens gehören zum Beispiel die Einsicht, der Wunsch, die Phantasie, die Neugier, die Vorfreude, der Mut, die Disziplin und vor allem die Hoffnung. Zu den *Feinden* gehören die Skepsis, die Resignation, das Mißtrauen, die Unlust, die Trägheit, die Feigheit und vor allem starre Vorstellungen davon, wie Leben zu sein habe. Die *Feinde* sind oft gar nicht zu erkennen, sie scheinen auch manchmal die besseren Argumente zu haben, etwa den Hinweis auf die »traurigen Erfahrungen«. Deshalb hört der Wille, der selber oft nicht weiß, wohin er will, nur allzuoft auf sie.

Der Wille käme häufiger zum Ziel, wenn er sich nur seinen *Freunden* zuwendete – und zwar einseitig, eindeutig, einfach. Denn wer sich den feindlichen Sirenen mit ihren verführerischen Liedern der Tragik zuwendet, wird schon bald sein Ziel vergessen.

Nun zu den Chancen des Alleinlebens:

1. Allein leben – das ist die Herausforderung dazu, mehr als manch anderer eigen-ständig zu sein oder zu *werden.* Wer eigenständig ist, steht auf eigenen Füßen, muß sich nicht auf andere verlassen, holt die Kräfte, die er zum Leben braucht, aus sich. Er *führt* sein Leben.

Wer eigenständig lebt, kann auch eigen-sinnig sein, findet eigenen Sinn für sich, fragt danach, was ihm *persönlich* entspricht und was nicht. Wer eigenständig und eigensinnig lebt, übernimmt Verantwortung für sich. Und das kann tiefe Lust am Leben entbinden! Es gibt viele beglückende Beispiele von Frauen und Männern, die erst durch die Not der Trennung vom Partner lernen konnten, *mündig* zu werden – und sich im nachhinein darüber wunderten, daß sie so lange in ihrem eigenen Schatten standen.

2. Wer allein lebt, kann im konkreten Leben *freier* sein als in einer Partnerschaft. Was alles bleibt einem Single erspart!

Wie viele zermürbende Auseinandersetzungen um kleine oder große Dinge braucht er nicht zu führen! Wie viele Verletzungen, unter denen andere täglich leiden, braucht er nicht zu ertragen! Wie viele Enttäuschungen bleiben ihm erspart!

Freier sein kann der Single auch in der Gestaltung seines Alltags. Er allein gestaltet seine Wohnung, seine Eßkultur, seinen Umgang mit der Zeit, seine langgehegten Wünsche und vieles andere mehr.

Wieder gilt: Es gibt viele Beispiele von Frauen und Männern, die erst durch die Not der Trennung herausfanden, wie eingeengt sie gelebt haben und wie viele Wünsche nach Gestaltung des *eigenen* Lebens unerfüllt geblieben sind.

3. Wie viele Menschen gibt es, die sich im Idyll der Partnerschaft verschließen und ihre Wärme nur dem einen geben! Dagegen gibt es Alleinlebende, die ihre Herzlichkeit vielseitig verschenken. Die einen und die anderen – nicht selten haben sie verschiedene Gesichter.

Wer (wieder) allein *wohnt*, muß nicht allein *sein*. Die Möglichkeit, sein eigenes Herz zu öffnen und das anderer zu finden, bleibt ihm wie jedem anderen. Doch alles kommt darauf an, ob der, der wieder allein ist, seine Krise nur als Katastrophe oder als neue Chance sieht, ob er resigniert oder sich entschließt, die neuen Umstände persönlich zu *gestalten.*

Vielleicht wird jemand bitter einwenden: Und wenn man gern eigenständig, eigensinnig, frei, anderen gegenüber of-

fen und gestaltend sein möchte, aber *keinerlei* Selbstvertrauen mehr hat, diese hehren Ziele erreichen zu können, weil einem dieses famose Gefühl genommen wurde?
Dazu habe ich einmal folgende Meditation geschrieben:[8]

Wenn du lernen willst, dir selbst zu vertrauen, dann:
Schau dir an, wie du dich selbst ablehnst!
Sieh dir an, wie *du* dich durch die Tage gehen läßt!
Empör dich gegen die Mißachtung deines eigenen Lebens!
Gesteh dir ein, daß du dich *selbst* zuwenig ernst nimmst!
Frag dich nach deinem Selbstmitleid!
Laß die Schmerzen darüber zu, daß *du* es bist,
der dir nicht vertraut!
Frag danach, worin du dir selbst nicht treu bist!
Frag auch danach, *worin* du dir treu bist!

Wenn du lernen willst, dir selbst zu vertrauen, dann:
Fang *heute* an, dir selbst und anderen so wenig wie möglich auszuweichen!
Weich auch nicht deinen Träumen aus – und sieh dir in deinen Träumen den Reichtum deiner eigenen Seele an!
Entscheide dich dafür, das Gute in dir zu suchen!
Entscheide dich auch, das Gute im Leben zu *suchen!*
Entscheide dich, dieser Entscheidung nicht mehr auszuweichen – und sieh dir noch einmal an, wie du dich heute selber behandelst.

[8] Uwe Böschemeyer: Das Leben meint mich, Meditationen für den neuen Tag, Lahr 1996, 2. Aufl., 5. Dez.

Wie finden Sie die folgende innere und äußere Entwicklung eines Menschen nach dem Verlust des geliebten Menschen?

Vor genau einem Jahr ist er gegangen. Ein ganzes Jahr ist sie nun schon allein. Die erste Zeit war schwer für sie gewesen, sehr schwer sogar. Wochenlang hatte sie starke Sehnsucht nach ihm gehabt. Immer wieder waren ihre Gedanken darum gekreist, warum er sie so hatte verletzen können. Auch die Angst ums liebe Geld war nicht gerade gering gewesen. Dann die Enttäuschungen: Einige wenige Freunde waren ihr treu geblieben, andere hatten sich von ihr entfernt. Dann die Einsamkeit. In den Nächten war sie besonders schlimm gewesen, an den Wochenenden nicht viel weniger. Manchmal hatte sie sogar daran gedacht, Schluß zu machen. Ja, die erste Zeit möchte sie ganz bestimmt nicht noch einmal erleben.
Heute sieht die Welt schon anders aus. Heute will sie feiern. Nein, nicht den Single-Geburtstag. Das wäre makaber. Es ist ja auch nicht so, daß sie gar nicht mehr an ihn dächte. Etwas anderes möchte sie feiern. Was genau, kann sie nur schwer beschreiben. Vielleicht so: Sie hat nicht kapituliert. Sie hat ihr neues Leben zwar noch nicht ganz »in den Griff« bekommen, aber immerhin ist es ihr gelungen, wieder Boden unter die Füße zu kriegen.
Sie macht vieles, was mit ihm nicht möglich war. Sie geht ins Theater, besucht den Nachtfilm, verreist an Wochenenden, lädt Leute ein, die er nicht ausstehen konnte, geht manchmal um 21 Uhr, dann wieder um 3 Uhr ins Bett. Nicht nur das: Sie hat sich einer Literaturgruppe angeschlossen, die gar nicht abgeho-

ben redet. Was gelesen wird, wird gründlich bedacht – Dinge, die das Leben betreffen. Das hat ihren Blick geweitet und ihr auch geholfen, weniger verzweifelt an ihn zu denken.
Für den heutigen Tag hat sie sich einen Hosenanzug gekauft. Der steht ihr fabelhaft. Sie kann sich allerdings nicht den Gedanken verkneifen, was er sagen würde, wenn er sie so sähe. Ob man eine Frau wie sie verläßt? Rasch schiebt sie diese Flausen beiseite. Die Gäste kommen. Sie empfängt sie. Aufrecht und strahlend steht sie im Flur. Die Umarmungen der Freunde tun ihr gut. Und als sie am späten Abend wieder allein ist, wagen sich die dunklen Gedanken nicht mehr in ihre Nähe.

Es gibt keine Form gesellschaftlichen Lebens, die ein Mensch unbedingt braucht: die Ehe nicht, die Partnerschaft nicht, die Familie nicht, weil er sich auf bestimmte oder veränderte Bedingungen einstellen kann, jedenfalls den Möglichkeiten nach. Daher kann ein bejahtes Leben als Single ebenso wert-voll sein wie das in einer Partnerschaft. Was dagegen jeder Mensch unbedingt braucht, ist die Liebe zum Leben, und die ist nicht an einen bestimmten gesellschaftlichen Rahmen gebunden.
Nun muß die Trennung nicht immer eine end-gültige, sie kann auch eine vorläufige sein. Zwar bleiben tatsächlich viele, die sich verabschiedet haben, auf Dauer getrennt. Doch gibt es so wenige Paare nicht, deren Wege wieder zusammenführen.

Von der Glut unter der Asche

Sie hat den Hörer aufgelegt. Ganz langsam hat sie ihn aufgelegt. Sie bleibt am Telefon sitzen, so, als könnte sie das, was sie soeben erlebt hat, wieder zerstören.
Sie schließt die Augen. Der Atem geht tief. Die Hände legt sie ineinander. Nach langer Zeit steht sie auf, geht langsam zum Schreibtisch und holt den Brief hervor, den er ihr geschrieben hat. Sie setzt die Brille auf, die sie sich kurz nach der Trennung gekauft hat, und liest. Sie liest den Brief noch einmal, obwohl sie ihn schon fast auswendig kennt, vor allem diese Zeilen:

»Ich weiß, du hattest Grund zu gehen. Als ich Monate nach der Trennung endlich auf die Idee kam, mich einmal in deine Lage zu versetzen, fing ich an, dich zu verstehen. Ja, du mußtest gehen, weil ich nur mich im Blick hatte und du immer mehr deine Freude am Leben verlorst. Das begann ich zu begreifen und begreife es heute noch mehr. – Ich will jetzt nicht jammern, daß du gegangen bist. Das habe ich in der ersten Zeit genug getan. Was ich dir mit diesem Brief sagen möchte: Ich liebe dich noch immer, wahrscheinlich mehr denn je. Ich weiß, ich weiß … Nur: Bevor du dich endgültig an einen anderen bindest, möchte ich dir sagen, wie gern ich wieder mit dir zusammen wäre.«

Behutsam faltet sie den Brief zusammen und legt ihn auf den Nachttisch. Ihre Gedanken sind wieder beim Gespräch. Noch immer hört sie den Klang seiner Stimme. Und den Satz: Vielleicht überlegst du es dir …

Und nun? fragt sie sich.

Sie hatte, nachdem sie ihn verlassen hatte, einige Männer kennengelernt. Sie war durchaus wählerisch gewesen, hatte sich keineswegs auf jeden, der etwas von ihr wollte, eingelassen. Das waren sehr wohl imponierende Männer gewesen. Aber komisch: Wann immer sich eine Beziehung zu verdichten begann, hatte sie sein Bild vor sich gesehen.

Zuerst war sie darüber böse gewesen, hatte sich unmündig und abhängig geschimpft – bis sie auf die Idee gekommen war, sich zu fragen, ob »dieses seltsame Phänomen«, wie sie die ständige Wiederkehr seines Bildes nannte, nicht etwas bedeuten könnte. Doch war sie weit davon entfernt gewesen, von sich aus den Kontakt wiederaufzunehmen. Wenn sie miteinander telefoniert hatten, war die Initiative jedes Mal von ihm ausgegangen. Dabei war er sehr behutsam gewesen, hatte sich auch nicht gekränkt zurückgezogen, wenn ihr der Anruf nicht recht gewesen war.

Vor drei Wochen hatte sie sich dabei ertappt, daß sie an der Theaterkasse zwei Karten bestellen wollte …

Obwohl es schon spät ist, setzt sie noch einen Tee auf und sagt fast energisch, während sie das kochende Wasser in die kleine Silberkanne gießt: Also werde ich mir wohl demnächst eine größere Kanne kaufen müssen … Und dann denkt sie … und fühlt sie … und ahnt, daß es nicht falsch wäre, ihn endlich einmal wiederzusehen. Sie schafft es nicht, ihn erst morgen anzurufen. Sie geht ans Telefon und sagt leise in den Hörer hinein: Was ich dir noch sagen wollte: Ich fände es gar nicht so falsch, wenn wir uns morgen abend sehen würden.

Es gibt glücklicherweise nicht nur die allgemeine Hoffnung darauf, daß das Leben so oder so wieder in erfreulichere Gefilde einmündet, sondern auch die konkrete, die Hoffnung auf eine Versöhnung des Paares. Doch wenn das geschieht, müssen günstige Voraussetzungen dafür gegeben sein oder geschaffen werden. Ich will vier mir wichtig erscheinende Punkte nennen:

1. Die wichtigste Voraussetzung ist die »Glut unter der Asche«. Wenn sich zwei Menschen einmal geliebt haben, kann es sein, daß die Liebe auch nach der Trennung nicht erloschen ist. Sie kann bei dem einen mehr, bei dem anderen weniger durch Enttäuschungen, Verletzungen, Verrat verdeckt und verschüttet worden sein, doch möglich ist, daß sie noch immer da ist. Es gibt dafür zahlreiche Belege aus der Beratungspraxis. Träume getrennt Lebender bestätigen diese Annahme. Die Seele vergißt eben nie. Je eindrucks-voller die Liebe gelebt wurde, desto tiefer wurde sie in der inneren Welt verwurzelt. Ein Ausschnitt aus der Praxis:

Ein Mann, der seine Frau wegen einer anderen verlassen hat, kommt mit dem Getrenntsein nicht zurecht. Er bringt vieles *gegen* sie vor. Trotzdem wird er »das Gefühl nicht los«, mit ihr noch nicht am Ende zu sein.
Nach langen Gesprächen, in denen wir so differenziert wie möglich die Problematik besprochen haben, bitte ich ihn, sich zu entspannen, die Augen zu schließen und sich das innere Bild seiner Frau aus *dieser* Zeit kommen zu lassen. Er

schweigt lange, macht sich mit dem Bild vertraut, läßt es auf sich wirken. Ich bitte ihn, so wenig wie möglich zu denken und Ein-Fälle zu dem Bild kommen zu lassen, die nicht als ganze Sätze formuliert werden müssen. Dann äußert er dies; dabei läßt er sich viel Zeit zwischen den Worten und Sätzen: Fremd und doch vertraut – Wehmut – auch Erleichterung, daß ich weg bin – sie ist mir zu stark – eigentlich ist auch sie sehr schön – sie zieht mich noch immer an – sie weiß, was sie will – Schuldgefühl, sie verlassen zu haben – fühle mich klein – sie ist zu groß – komisch: da ist ganz viel Wärme in ihren Augen – sie nimmt mich ernst – ich kann´s nicht fassen: sie will *mich* – sie hat Format – mir wird ganz warm ums Herz – ich kann nichts dagegen tun – ich glaube, ich liebe sie noch immer.

Nachdem wir über seine Ein-Fälle gesprochen haben, begleite ich ihn bei einer »wertorientierten Imagination« [9], um ihn tiefer noch als bisher finden zu lassen, wie er in Wirklichkeit zu seiner Frau steht.
(Eine »wertorientierte Imagination« ist einem herbeigerufenen Traum vergleichbar. Im Unterschied zum Traum aber erlebt der Imaginierende die inneren Bilder nicht nur, er nimmt auch auf sie Einfluß und damit Einfluß auf seine Gefühle. Vor der Imagination verabrede ich mit dem Imaginierenden ein *Ziel*, an dem er seine Problematik erkennen und/oder Lösungen erfahren kann.)

[9] Uwe Böschemeyer, Dein Unbewußtes weiß mehr, als du denkst, Freiburg/Basel/Wien 1996, S. 11 ff.

In unserer Situation nahm sich der Imaginierende vor, zum »Ort der unbekannten Liebe« zu »wandern«. Ich stelle die »innere Wanderung« in aller Kürze vor:

Über eine Wendeltreppe steigt der Mann tief in seine innere Welt hinab. (Was er sieht und noch sehen wird, sieht und erlebt er plastisch und unmittelbar.) Nach einigen Minuten gelangt er in einen runden, in fast zu warmes Licht getauchten Raum. Ein betörender Duft empfängt ihn. Betörend ist auch die Musik, die sich von den Wänden zur Mitte hin verdichtet.
Und in der Mitte tanzt *sie*, Anja (die Frau, derentwegen er seine Frau verlassen hat). Sie trägt ein traumhaft schönes Kleid, in dem sich Licht und Musik zu verfangen scheinen. Mit anmutigen Bewegungen winkt sie ihm zu, lächelnd, graziös, unwiderstehlich. Und er – er kann nicht anders: Er geht, nein, er wankt auf sie zu, bleibt vor ihr stehen und läßt sich von ihrer Schönheit verzaubern. Er ist von ihr *hingerissen.* Lächelnd nimmt sie ihn und tanzt in weit ausholenden Schritten mit ihm einen Walzer, der von den Wänden widerhallt. Zunächst scheint es, als ob es der schönste Tanz seines Lebens würde. Dann wandelt sich ihre Gestalt. Sie wandelt sich zur Zauberin. Noch immer scheint es, als liebe sie ihn. Noch immer fließt er zu ihr hin. Doch in dem Augenblick, in dem sie ihn um seine eigene Achse wirbelt, durchfährt ihn ein fremdes Gefühl. Er erschrickt, bricht den Tanz ab, tritt einen Schritt zurück und mustert sie. Daraufhin sinkt sie in sich zusammen und löst sich auf. In diesem Au-

genblick verändert sich auch der Raum. Er wird hell. Die Sonne taucht ihn in ein klares Licht.
Plötzlich »weiß« er, daß er auch den unter diesem Raum gelegenen Ort aufsuchen muß. Er findet ihn. Auch dieser Raum ist rund und in Licht getaucht. Doch dieses Licht hat eine angenehmere Wärme als das im oberen Raum. Er bleibt am Eingang stehen und hat das Gefühl, am Ziel zu sein. Dann sieht er sie. Sie steht in der linken Ecke des Raumes. Sie lächelt ihn an, deutet an, daß sie die Arme ausbreiten könnte, und geht ihm entgegen. Einen Augenblick zögert er. Dann geht er auf seine Frau zu. Sie stehen voreinander, schauen sich an, reichen sich die Hände. Und er sieht: Sie stehen auf *gleicher* Höhe.
Ein lange nicht mehr erlebtes Glücksgefühl durchzieht ihn. Er weiß, was er zu tun hat.

2. Eine weitere wichtige Voraussetzung ist die Versöhnungswilligkeit beider und ihr Entschluß, sich der unangenehmen Aufgabe auszusetzen, nach den *eigenen* Anteilen zu fragen, die zur Trennung geführt haben. Diejenigen, die bereit sind, sich mit Ernst auf diese *Arbeit* einzulassen, gewinnen vielleicht nicht nur den Partner zurück, vielleicht *vertiefen* sie sogar ihre Beziehung. Wahrscheinlich gewinnen beide auch an eigenem Profil.
Die vier folgenden Fragen könnten dabei behilflich sein:

- Worin habe ich ihm/ihr am meisten *wehgetan*?
  Worin habe ich ihn/sie am meisten *vernachlässigt*?

Habe ich mich zuviel oder zuwenig im Blick gehabt – habe ich ihn/sie zuviel oder zuwenig im Blick?
Mit welchem Problem, mit dem ich nach wie vor zu tun habe, habe ich ihn/sie *am meisten* belastet? Und bin ich bereit, auch *daran* zu arbeiten?

3. Viel zuwenig wird die häufig zu beobachtende Tatsache bedacht, daß sich der Verlassene mit »Freunden« umgibt, die gegen den abtrünnigen Partner hetzen. Einseitig und naiv schüren sie die Wut des Gekränkten, plakatieren den, der gegangen ist, mit harschen Attributen und bemerken gar nicht, daß sie ihre *eigenen* nicht eingestandenen Ängste, verlassen zu werden, auf den Abtrünnigen projizieren.
Einerseits tut dem gekränkten Partner die Solidarität der anderen gut, weil er durch die Trennung stark verunsichert ist. Andererseits wird er durch die von den »Freunden« angefeuerten Aggressionen daran gehindert, seine eigenen problematischen Anteile zu sehen und zu bearbeiten. Darüber hinaus kann sich die in ihm angeheizte Wut verselbständigen und sich gegen den ehemaligen Partner richten, dem er innerlich vielleicht noch immer verbunden ist. Ich bin fest davon überzeugt, daß nicht wenige Partnerschaften deshalb endgültig zu Bruch gehen, weil »Freunde« den Bruch forcieren. Die Wut erzeugenden »Freunde« sind eine Parallelerscheinung der Trauer erzeugenden »Klageweiber«, die – das kennen wir aus der Geschichte – nicht immer frei von Lust den eigenen Emotionen freien Lauf ließen – ohne Rücksicht auf die Empfindungen und Gefühle des vom Leid Betroffenen.

Wieviel hilfreicher sind dagegen jene Menschen, die behutsam den Verlassenen begleiten –, die nicht ständig den um seinen Verlust Trauernden belagern oder ihn abzulenken versuchen –, die ihn leise trösten, ihm freundlich die eine oder andere Frage nach den eigenen Problemanteilen stellen – und vielleicht auch einmal ein gutes Wort über den fallenlassen, der fortgegangen ist.

4. Ich bin nicht sicher, ob es klug ist, auch diesen Punkt zu nennen. Doch urteilen Sie selbst: Ein altes Wort sagt, daß manche Ehen »im Himmel geschlossen« werden. Der Satz meint offenbar das gleiche wie jener andere, zwei Menschen seien füreinander bestimmt.
Zweifellos gibt es Menschen, die sich trotz wechselseitiger Verletzungen, Kränkungen, Distanzierungen und Trennungen in der Tiefe gut bleiben, die vielleicht »auf *getrennten* Wegen« zu jenem »Feuer« des Lebens gehen (Saint-Exupéry), das sie beide suchen. Mag sein, daß sie sich nie wiedersehen und doch innerlich verbunden bleiben. Mag sein, daß sie sich dann und wann begegnen und lange davon zehren. Wem ein solches Schicksal beschieden ist, wird wahrscheinlich immer wieder Sehnsucht nach dem anderen haben – und immer wieder auch den Wunsch verspüren, in einer »normalen« Beziehung leben zu können. Doch kann es sein, daß er auf sein seltsames Geschick niemals verzichten möchte, weil er das Wichtigste im Leben kennt: die Liebe.

Hoffnung auf neue Partnerschaft

Die Einstellung zu zukünftiger Partnerschaft sieht nach der Trennung sehr unterschiedlich aus. Das Spektrum reicht vom verbitterten »Nie mehr!« bis zum hektischen »So schnell wie möglich!«. Hier soll von denen die Rede sein, die sich zwar nach einer neuen Beziehung *sehnen*, aber wenig Hoffnung auf Erfüllung haben. Ist diese Skepsis begründet?

1. Wer sich nach einem neuen Partner sehnt, sich jedoch darauf *fixiert*, keinen mehr finden zu können, hat es wahrlich nicht leicht, neue Erfahrungen zu machen. Wer sich auf Mißerfolg fixiert, wird ihn wahrscheinlich auch erleben. Jede Idee hat die Tendenz, sich zu verwirklichen, auch die negative. Denn das, was wir denken, empfinden und fühlen, strahlt auf andere aus. Das, was wir sind, teilt sich anderen mit. Wie wir andere ansehen, nimmt *häufig* darauf Einfluß, wie sie uns erleben.

2. Zweifellos hängt der Verlauf unseres Lebens zum großen Teil davon ab, wie wir es selbst gestalten, aber nicht *nur* davon! Nicht *nur* von unseren Stärken oder Schwächen, nicht nur von unserem Aussehen oder unserer Ausstrahlung, nicht nur von unserem Geld oder unserer Geltung hängt ab, was aus uns wird und was wir erfahren! Denn auch das Leben *außerhalb* unserer selbst nimmt auf uns Einfluß, zum Beispiel so, daß *andere* auf uns zugehen, daß andere *uns* begegnen, daß andere *uns* zu schätzen lernen, daß *das Leben*

selbst (Sie können auch »Gott« sagen) hier und heute *uns* meint.
Je ichbezogener aber ein Mensch ist, desto weniger begreift er, daß wir uns in einem Spannungsfeld befinden zwischen uns *und* der Welt, daß nicht nur wir Geschichte machen, daß die Geschichte auch uns macht, daß das In-der-Welt-Sein des Menschen eine ständig fließende Wechselbeziehung ist zwischen uns und dem uns umgebenden Leben. Deshalb ist das Buch der Liebesbeziehungen voll vom Staunen darüber, daß der eine die andere und die eine den anderen entdecken konnten.
Es ist schon seltsam: Wir haben keinen Zweifel daran, daß andere uns *unglücklich* machen können, weniger klar scheint zu sein, daß andere uns auch *glücklich* machen können, ohne daß wir selbst diesen Glücksfall eingeleitet hätten.

3. Die Männer und Frauen, die nicht mehr auf neues Glück zu hoffen wagen, vergessen allzu leicht, daß es außer ihnen *zahllose* andere gibt, die denken und zweifeln wie sie – und die wie sie darauf warten und warten, daß jemand auf *sie* zugeht und das erste erlösende Wort sagt. Es lohnt sich, sich diese schlichte Tatsache eindringlich zu vergegenwärtigen.

4. Worin hat die Hoffnungslosigkeit derer, die Sehnsucht nach einem neuen Partner haben, aber nicht (mehr) an deren Verwirklichung zu glauben wagen, ihren Grund? Nur in negativen *Erfahrungen* mit früheren Partnern? Nicht auch

in der *Verweigerung* neuer Hoffnungen? Oder darin, daß sich jemand vom Leben *beleidigt* fühlt, weil es ihn dorthin führte, wohin er nicht wollte? Oder vielleicht darin, daß sein eigener innerer *Gegenspieler* (wir werden darüber noch sprechen) ihm das neue Spiel der Liebe verderben will?
Mag sein, daß dem Hoffnungsschwachen diese oder ähnliche Widerstände nicht bewußt sind. Doch weil es sie gibt, weil es sie tatsächlich gibt, lohnt es sich, ihnen nachzugehen. Sicher ist: So manche Hoffnungslosigkeit ist nicht in äußeren Umständen, Bedingungen und Gegebenheiten begründet, sondern darin, daß Teile der Seele selbst die aufkeimende Hoffnung behindern. Und sicher ist auch, daß der, der solche Widerstände in sich zuläßt, jede neue Chance, die sich ihm bietet, von vornherein torpediert.

5. Einmal sagte ein Mann, er wolle keinen Hund mehr haben, obwohl er ein großer Hundeliebhaber sei. Er sei nicht bereit, die Trauer über den Tod seines geliebten Tieres noch einmal zu erleben.
Es gibt auch Männer und Frauen, die sich zwar nach der Liebe sehnen, sie aber aus Furcht vor neuer *Enttäuschung* nicht finden (wollen). So nachvollziehbar diese Furcht ist – ob nicht der, der ihr nachgibt, eine viel größere Enttäuschung erleben könnte? Die nämlich, daß er aus lauter Sorge um die Wahrung seines (wieder) stabilisierten Seelenzustandes einmal erkennen müßte, zuwenig gewagt und daher zuwenig gewonnen zu haben.
Ähnlich könnte es jenen ergehen, die eine neue Beziehung

verhindern, weil sie sich keine weitere *Niederlage* erlauben wollen und darum wenig Hoffnung auf neues Glück entwickeln. Wer so denkt, denkt allerdings mehr an seine »Ehre« als an die Liebe. Er beklagt mehr den Verlust seines »Rufes« als den Verlust seines Partners. Er hat sich selbst zu stark im Blick und hat vielleicht noch nie wirklich geliebt.

6. Immer wieder höre ich von älteren Frauen, man dürfe sich nichts vormachen: einen neuen Partner zu finden sei so unwahrscheinlich wie die Ziehung des großen Loses. Männer ihres Alters seien meistens gebunden. Nicht gebundene Männer favorisierten »selbstverständlich« jüngere Frauen. Die »jungen Dinger« seien ja auch tatsächlich attraktiver. Und überhaupt: Ältere Frauen hätten einfach wenig Chancen auf eine neue Beziehung.
Ohne auf diese Argumente im Einzelnen eingehen zu wollen – ich habe sie in den vorlaufenden Punkten aufgenommen, gilt wieder: Wer sich auf die Nichterfüllbarkeit seiner Wünsche fixiert, verschließt sich neuen Möglichkeiten.

Sie wandert. Sie wandert an jedem Wochenende, weil sie es zu Hause nicht aushält. Sie hält es nicht aus, weil ihre Sehnsucht nach einem Mann immer stärker – und ihre Hoffnung, einen zu finden, der zu ihr paßt, immer schwächer wird. Das Wandern nimmt ihr einen Teil des Drucks und der Unruhe.
Heute geht sie besonders schnell. Sie führt Selbstgespräche. Einen Satz wiederholt sie bereits zum vierten Mal. Ihr geschiedener Mann hatte ihn gesagt. Als er ihr seinen Auszug angekün-

digt hatte, war er plötzlich aufgesprungen und hatte ihr entgegengeschleudert: Du bist eine Tyrannin! Mit dir kann kein Mann leben! Der Satz hatte gesessen.
Eine Tyrannin? fragt sie. Nein, das glaube ich nicht, antwortet sie halblaut. Aber leicht mach ich es keinem, gesteht sie sich ein. Ich bin schon schwierig... Ein Mann, der mit mir leben könnte, müßte schon ein besonderer sein. Energisch stößt sie einen Zweig vom Weg. Wie müßte er denn sein? fragt sie sich. Sie verlangsamt ihre Schritte. Souverän müßte er sein. Vor allem aber müßte er lieben können. Sie meinen, nicht ihre Fähigkeiten. Und verstehen, daß sie manchmal nicht anders sein kann als so, wie sie nun einmal ist. Doch so jemanden finden?
Sie setzt sich auf eine Bank. Ihr Blick wandert über das Tal, das sie so gern hat. Die Sonne wärmt ihren Rücken. Die Luft ist rein. Trotzdem sinkt ihre Stimmung auf den Nullpunkt. Sie sieht auf ihre Hände und denkt: Für niemanden sind sie wichtig. Sie sieht auf ihre Wanderschuhe und sagt: Niemand interessiert sich für sie. Sie spürt ihren Körper und hat plötzlich das Verlangen, ihn wegzuwerfen. Wie getrieben springt sie auf und wandert weiter. Tyrannin! sagt sie laut. Tyrannin, Tyrannin! schreit sie – und erschrickt über sich selbst. Bin ich's vielleicht doch? flüstert sie.
Da sieht sie aus der Ferne eine Wandergruppe, die auf sie zukommt, Männer und Frauen. Als sie auf gleicher Höhe sind, bleiben sie stehen. Ein älterer Herr erkundigt sich bei ihr nach dem Weg. Während sie Auskunft gibt, bemerkt sie ein feines Lächeln auf seinem Gesicht. Sie schaut ihn an. Meint sein Lächeln etwa sie? Die Gruppe bedankt und entfernt sich. Als

sie sich noch einmal umschaut, sieht sie und kann es kaum glauben, daß auch er sich nach ihr umschaut. Wieder sieht sie dieses Lächeln, und das meint tatsächlich sie.
Während sie beschwingt weitergeht und an den unbekannten Mann denkt, lächelt sie. Das tut gut, sagt sie leise. Ihr Hochgefühl hält an, bis ihr andere Wanderer begegnen, die grußlos an ihr vorübergehen.
Siehst du, hört sie sich sagen, den Mann, der dich anlächelte, siehst du alle hundert Jahre und dann auch nur für einen Augenblick. Schmink es dir endlich ab, dich will keiner mehr! Mürrisch setzt sie sich auf die nächstbeste Bank. Auch zum Wandern hat sie nun keine Lust mehr.
Sie holt ihren alten Spiegel hervor. Kritisch sieht sie sich an: sieht das graue Haar, die spitze Nase, die Unebenheiten auf der Haut, sieht die Augen, die grau sind und leer, die abwehren und nicht annehmen, die so gar nicht mehr einladend wirken. Sollte sie den Gedanken an Partnerschaft nicht endlich aufgeben? Wäre dann nicht wenigstens die Sehnsucht weg? Sie bemerkt nicht ihren Seufzer. Sie schließt die Augen – und sieht wieder dieses Lächeln vor sich. Kann man denn Sehnsucht einfach abstellen? Müde reibt sie sich die Augen.
Da trifft sie durch das Blätterwerk des Baumes, unter dem sie sitzt, ein spitzer Lichtstrahl. Es ist ihr, als habe sie der Strahl ertappt. Ertappt – wobei?
Sie weiß es nicht so recht, hat auch keine Lust, darüber nachzudenken. Sie öffnet die Augen, richtet sich auf, hebt den Kopf, schaut wieder ins Tal und sagt kaum hörbar: Und wenn doch jemand auf mich wartet …

Wer über Hoffnung spricht, muß auch nach deren Gegenpol fragen, danach also, was sie immer wieder zunichte macht. Mit wieviel Hoffnung beginnen Paare ihren Weg! Wie groß sind die Erwartungen an ein gemeinsames Leben! Wie gut sind sie einander! Wie viele Sterne sind sie vom Himmel zu holen bereit! Wieviel Bereitschaft, zu verstehen, zu respektieren, zu achten, zu lieben, zeigt einer dem anderen. Dann kommt der Tag, an dem sie auseinandergehen.
Was macht denn letztlich gelingende Beziehungen oder Versöhnungen zunichte? Was liegt *unter* den Schwächen, Ausrutschern, »Fehlern« derer, die so furios ihre Partnerschaft begonnen haben und doch gescheitert sind? Was ist der *tiefste* Grund für mißlingendes Leben überhaupt und daher auch für das Mißlingen von Partnerschaften? Dieser Frage nachzugehen, halte ich für äußerst wichtig, schon deshalb, weil der *innere Gegenspieler* der Hoffnung nach der Trennung erst recht seinen Machtanspruch geltend macht.
Die Antwort darauf mag seltsam erscheinen, doch hat sie sich mir in vielen Berufsjahren aufgedrängt. Sie befindet sich auch im Einklang mit den Quellen der Weisheit, der Märchen, Mythen und Träume, die bekanntlich Spiegelungen der menschlichen Seele sind. Auch sie sagen: Zu den bedrückendsten Geheimnissen des Menschen gehört die Möglichkeit, daß er sein eigener Feind sein kann. Er taucht auf in Gestalt von Drachen, Hexen, Giftzwergen und vielen anderen Figuren, die den Weg zum Glück versperren.[10]

[10] Vgl. dazu: Uwe Böschemeyer: Zu den Quellen der Weisheit, Lahr 1995

Warum wir nicht tun, was wir wollen

Kaum einem Satz der Weltliteratur wird weniger widersprochen als dem des Paulus: »Das Gute, das ich will, das tue ich nicht. Das Üble aber, das ich nicht will, das tue ich.«

Ich gehe von der Voraussetzung aus, daß viele Trennungen nicht zustande kämen, wenn die Partner mehr von der Macht jenes inneren Gegenspielers wüßten, der ihnen so oft den Blick für sich und andere versperrt. Ich gehe auch von der Voraussetzung aus, daß viele Trennungen nicht so erschreckend verliefen, wenn die getrennt Lebenden mehr Einsicht in jenes eigenartige Phänomen hätten, das ihre guten Vorhaben behindert. Wie sieht dieser Gegenspieler aus? Zunächst drei *allgemeine* Beispiele:

Ein Mann ahnt, daß ihm sein Streß bald einen Herzinfarkt bescheren könnte. Er hat Angst vor dieser Möglichkeit. Und doch: Weder ändert er seinen Lebensstil noch seine Einstellung zur Arbeit.

Eine Frau ahnt, wie wichtig es wäre, die jahrelange Feindschaft gegen ihre Familie aufzugeben und versöhnliche Zeichen zu setzen. Und doch greift sie wieder zum Hörer und entlädt ihre Aggressionen.

Ein Vater ahnt, daß sein Sohn Drogen nehmen könnte und ist deshalb zutiefst bedrückt. Und doch: Er sucht nicht das Gespräch.

Oder ein anderes spezifisches Beispiel:

Ein junges Paar beschließt, miteinander leben zu wollen,

und jeder der beiden nimmt sich vor, in der Beziehung so *aufmerksam* wie möglich sein und so viel wie möglich *miteinander reden* zu wollen. Denn beide wissen, daß die Ehe ihrer Eltern am Mangel dieser beiden wesentlichen Voraussetzungen für gelingende Partnerschaft gescheitert ist. Und doch: Schon nach wenigen Monaten ist *er* nicht mehr aufmerksam genug, obwohl er bereits die Folgen sieht und sich deshalb ohrfeigen könnte. *Sie* wiederum ist nicht mehr gesprächswillig genug, obwohl auch sie die ersten Folgen bemerkt und sich mit Schuldgefühlen plagt. Dabei hatten beide »unbedingt« diese wichtigen Punkte beachten wollen.
Diese und zahllose andere Beispiele bestätigen die seltsam anmutende These, daß Menschen die Fähigkeit haben, *auch* gegen sich selbst sein zu können – gegen ihre eigene Vernunft, gegen ihren eigenen Lebensdrang, gegen ihren Geist.
Was heißt das?
Wer nicht nur für sich, sondern *auch* gegen sich selbst ist, lehnt sich selbst teilweise ab, will das Gute für sich nicht ganz – und oft auch nicht für andere. Wer das Gute für sich nicht ganz will, kommt nicht ganz zu sich, ist nicht ganz bei sich, ist nicht mit sich eins, erkennt nicht sein wahres Sein und seinen »wahren Willen« (Michael Ende). Die weitere Folge: Er projiziert, wirft also *seinen eigenen* Schatten auf andere, auf »die Welt« und macht sie sich so zum Feind. Er verhält sich destruktiv, nicht konstruktiv. Er liebt nicht ganz, sondern lehnt zum Teil ab: die Welt, in der er lebt, und das einzige, was er hat – sich. Es wohnen eben *zwei* Seelen in unserer Brust. Und die eine, die dunkle, die ich den

inneren Gegenspieler nenne, hat weit größere Macht über uns, als wir vermuten. Warum ist das so?

Weil alles Leben doppelseitig, polar strukturiert ist, hat *jeder* Mensch nicht nur die Möglichkeit, *ja* zu sich, sondern auch *nein* zu sich zu sagen. Das ist so. Das ist uns allen vorgegeben. Das werden wir nie ändern können. Doch daß das so ist, ist nicht von vornherein ein Verhängnis, bedeutet aber eine ständige Herausforderung, die, wenn sie angenommen wird, viel Unglück verhindert. Denn: Je klarer ein Mensch das *Nein* in sich als seinen inneren Gegenspieler erkennt, erfährt und ihn als Widerstand gegen sein persönliches und anderes Leben begreift und daraus Schlüsse zieht, desto eindeutiger wird er sich nach dem *Ja* zu sich und anderem Leben sehnen und ausrichten und desto weniger seine eigenen Probleme *anderen* anlasten.

Da sich der Gegenspieler in den drei Gestalten des Menschseins zeigt, im Menschen als *Gattungswesen*, als *Typus* und als unverwechselbare *Person*, will ich ihn in diesen drei Formen kurz vorstellen:

1. Jeder Mensch kann seinen *Möglichkeiten* nach zum Beispiel resignieren *und* hoffen, die Flügel strecken *und* kämpfen, sich in der Vergangenheit verlieren *und* nach vorn blicken, weiterstreiten *und* sich versöhnen, hassen *und* lieben, verzweifeln *und* hoffen. Wie aber kommt es, daß er das eine Mal lebensbejahend ist und also tut, was er will, das andere Mal dagegen nicht?

Sofern nicht mächtige äußere Realitäten dagegen stehen, tut

ein Mensch dann das, was er will, wenn er seinen inneren Gegenspieler, der sich hinter seinem Nicht-Wollen verbirgt, *deutlich* genug erkannt, durchschaut, erlebt, erlitten hat, – und wenn er das, *was* er will, deutlich genug erkannt, empfunden und sich nach dem Wert, um den es geht, ausgestreckt hat. Ein einfaches Beispiel:

Herr X beklagt seiner Frau gegenüber seinen Mangel an Zeit. Zu gern würde er mit ihr gemeinsam dieses und jenes tun und das andere auch. Nur, sagt er, sein Beruf »frißt ihn auf«. Herr X leidet einerseits tatsächlich, andererseits fühlt er sich so unwohl nicht, da er zu den Vielbeschäftigten und deshalb zu den Wichtigen im Lande gehört.
Er leidet nicht *genug*. Ihm ist nicht deutlich *genug, daß* sich sein Werthorizont weithin auf seine Arbeitswelt beschränkt. Er empfindet nicht deutlich *genug*, daß er nicht nur seiner Frau, sondern auch sich selbst kostbares Leben vorenthält. Er begreift nicht *genug*, daß zu einem vollen Menschenleben auch die Realisierung ganz anderer Werte gehört als die von ihm gelebten, zum Beispiel: phantasiebringende Muße, anregende Kunst, begeisternde Literatur, vitalisierende Kraft der Natur, der Spaß, die Leichtigkeit – oder auch die geheimgehaltene Kurzreise der beiden an den Ort, an dem sie vor Jahren sehr verliebt und ausgelassen waren.
Seinen Mangel an Zeit und dessen konkrete Folgen empfindet Herr X also nicht tief *genug!*
Wenn er jedoch sich *tief* genug ein-dächte, ein-fühlte, vielleicht auch ein-träumte in das, was ich gerade andeutete,

würde er seinen »Zeitmangel« nicht mehr lediglich eindrucksvoll beklagen – er würde ihn konkret reduzieren.

Wenn das so einfach wäre, werden Sie sagen. Nein, so einfach ist »das« nicht. Daß wir nicht leicht zu Veränderungen kommen, dafür wird schon der innere Gegenspieler sorgen, der sich ja nicht nur allgemein-menschlich, sondern auch typologisch zeigt.

2. Auf die Typologie des Enneagramms sind wir bereits aufmerksam geworden. Sie macht uns den inneren Gegenspieler besonders deutlich bewußt. Wenn ich ihn jetzt darstelle, denke ich wieder an »Typen« in der *Krise*:

Der *erste* Typus, der *Perfektionist*, leidet häufig unter seiner starken *Wut*. Wenn er sie nicht kontrollieren kann, richtet sie sich gegen andere Menschen, was zur Folge hat, daß sie ihn ablehnen. Wenn er jedoch die Wut nicht an anderen auslassen kann, flutet sie gegen ihn selbst zurück, was dazu führt, daß er *sich selbst* ablehnt. Und manches Mal hat er, wenn auch verdeckt, geradezu eine Lust daran, sich selbst zu zerstören.

Der *zweite* Typus, der *Helfer*, hat mit *überzogenem Stolz* zu tun. Er zeigt seine Schwächen nicht und läßt sich deshalb selbst nicht helfen. Was er braucht, ist: gebraucht zu *werden*! Sein innerer Gegenspieler? Seine Tendenz, sich selbst und daher seine eigenen Wünsche zu vernachlässigen.

Der *dritte* Typus, der *Macher*, hat vor allem eines im Sinn: den Erfolg, zu jeder Zeit, in jeder Situation. Nicht darum geht es ihm zuerst, wodurch er, sondern *daß* er Erfolg hat. Und dafür sind ihm viele Mittel recht. Doch geht das häufig nur auf Kosten der Wahrhaftigkeit. Nichts aber ist der Seele so schwer verdaulich wie *Unwahrhaftigkeit.*

Der *vierte* Typus, der *Romantiker*, der die blaue Blume sucht, ohne sie finden zu wollen, fühlt sich in der Welt nicht zu Hause. Sie ist ihm zu banal. Weil er sich jedoch zugleich nach den »Wonnen der Gewöhnlichkeit« (Thomas Mann) sehnt, durchzieht ihn immer wieder blanker *Neid* auf jene, die sich mit der Welt, so, wie sie ist, anfreunden können. Neid aber frißt die Seele auf.

Der *fünfte* Typus, der *Beobachter*, zieht sich von der Lebendigkeit des Lebens zurück. Er über-denkt das Leben statt in ihm mitzumischen. Doch wer sich nicht dem Leben aussetzt, den setzt das Leben aus, dem legt sich Glas ums Herz. Sein Gegenspieler? Die innere *Leere* und also innere Einsamkeit.

Der *sechste* Typus, der *Loyale*, braucht andere und immer wieder andere. Sich allein hält er nur schwer aus. So wenig hält er von sich! Er vertraut nicht sich selbst und sucht deshalb den Halt in Gemeinschaften. Der Grund für dieses Verhalten? Die *Angst,* die anderen zu verlieren –, und sie ist sein Gegenspieler.

Der *siebte* Typus, der *Glückssucher*, der Sonnensucher, halbiert das Leben. Warum das? Weil er das Schmerzhafte vermeiden oder nicht wahrhaben will. Er leugnet es, so gut er kann. Umso mehr verfällt er bei seiner Glückssuche der *Maßlosigkeit,* die ihn immer wieder in schwierige Situationen bringt.

Der *achte* Typus, der *Machtvolle*, will alles Leben kontrollieren. Er ist der Boß! Und wer sich ihm schwächlich unterwirft oder sich ihm gleichzustellen versucht, den tritt er mit körperlicher oder verbaler *Gewalt* nieder. Sein innerer Gegenspieler? Seine Unbarmherzigkeit, die gegen ihn selbst zurückschlägt.

Der *neunte* Typus, der *Friedensstifter*, geht Konflikten am liebsten aus dem Weg. Er findet sie wenig lohnend. Der Grund? Das Leben in der Welt ist ihm nicht wichtig genug. Er neigt zu tiefer *Sinnskepsis.* Doch wer zuwenig Sinn fühlt, fühlt zuwenig Leben.

Wie lassen sich diese negativen Tendenzen beseitigen? Beseitigen nie, denn wie wir stets dem Spannungsfeld der Polarität verhaftet bleiben, so auch unserem Typus. *Reduzieren* lassen sie sich – und das kann eine erhebliche Veränderung der Lebensqualität zur Folge haben. Wie gelingt das?

○ Ohne fremde Hilfe nur so, daß man sich die *Wirkungsgeschichte* des inneren Gegenspielers, zum Beispiel die zu starke Wut gegen alles Leben, tief genug vergegenwärtigt – plastisch, anschaulich, hautnah, gefühlsstark. Wenn das gelingt – und es gelingt dem, der ihm tatsächlich auf die Schliche kommen will –, steht er vor der Entscheidung, ob er ihm weiterhin freien Lauf lassen oder ob er endlich selbst, als eigenständige Person, auf ihn Einfluß nehmen will.

3. Jeder Mensch ist durch Gattung und Typus bedingt. Vor allem aber ist er *Person* und daher seinen *Möglichkeiten* nach ein freier und selbstbestimmender Mensch, nach innen und nach außen. Deshalb laufen in ihm zum Beispiel negative Gedanken, Gefühle, Empfindungen ab, die *er* zuläßt, die *er* vollzieht, die er durchaus *nicht* zulassen oder vollziehen müßte. Denken Sie nur an jene unseligen selbstsuggestiven Sätze, die man pflegen, aber auch unterlassen kann, wie zum Beispiel : Das kann *ich* doch nicht – Das schaffe ich *nie* – Das ist mir eine Nummer zu groß etc.
Die Ursachen der Selbst- und Lebensablehnung haben mit Gattung und Typus zu tun, doch gehen sie darin nicht auf. Denn der Mensch als Person hat die Möglichkeit, sich über seine ablehnenden Tendenzen zu empören. Und seine Empörung (*empor!*) kann ungeahnte Kräfte in ihm freisetzen und die Beziehung zu sich und anderen verändern, wenn ihm aufgeht, daß *er* es ist, der sich nicht annimmt, daß *er* zu wenig mit sich fühlt, daß *er* sein Leben nicht so führt, wie er es will, daß *er* nicht zu sich selber durchdringt, daß *er* es ist, der sich zuwenig kennt und zuwenig liebt.

Wenn er es wünscht und er es will, daß sein ursprüngliches Wesen zum Vor-Schein kommt, dann muß und kann es in ihm brennen, dann muß es wehtun bei dem Gedanken, daß letztlich *er* es ist, der sich verneint – und anderes Leben auch.

Zugänge zur Weiterentwicklung der Persönlichkeit

Wer seinen geliebten Partner verliert, steht am Scheideweg. Gemeint ist nicht nur die mögliche Scheidung vom Partner. Gemeint ist auch die Entscheidung darüber, ob er seinen Verlust als *lebensbestimmend* betrachtet und daher fortan alles Weitere, was ihm mißlingt, mit seinem Verlassensein in Verbindung bringt – oder ob er die Trennung als *Herausforderung* zur Weiterentwicklung seiner Persönlichkeit zu sehen beginnt. Läßt er sich auf die Herausforderung ein, kann die Krise für ihn zur Chance werden.

»Wer an einem solch schicksalhaften Ereignis zerbricht«, schreibt Bijan Adl-Amini, »war auch schon davor brüchig...« Daraus ergibt sich für den Menschen in der Krise die Notwendigkeit, sich nicht allein mit der Krisensituation selbst, sondern sich noch einmal mit seinem *ganzen* Leben zu befassen. »In der Grenzsituation (Jaspers)«, so Amini weiter, »erhält der Mensch die Chance, seine Grenzen bewußt zu erfahren und zu überschreiten, das heißt über sie hinauszuwachsen.« [11]

Es geht also um die Weiterentwicklung der Persönlichkeit, und das unter einem doppelten Aspekt: nicht alle Fehler der Vergangenheit wiederholen zu müssen und, wenn das Leiden schon sein muß, persönlichen Gewinn daraus zu ziehen. Weiterentwicklung der Persönlichkeit aber ist *die* Voraussetzung für neue Sinnfindung.

[11] Siehe dazu: Bijan Adl-Amini, Nachtstunden, S. 114 - 116

Und der Mensch *kann* sich weiterentwickeln! Das ist für ihn sogar charakteristisch. Es gibt auch keine Lebensphase – die Jugend nicht, die mittleren Jahre nicht und auch das Alter nicht –, in der wir weniger als in anderen Phasen Sinn finden könnten. Denn jede Zeit hat ihre eigenen Schwierigkeiten und ihre eigenen Möglichkeiten. Alles kommt *darauf* an, ob wir uns vom Leben *berühren* lassen oder nicht, ob wir leben *wollen* oder nicht.

Zur Weiterentwicklung ist jedoch nicht nur der herausgefordert, der *verlassen* worden, sondern auch der, der *gegangen* ist. So beglückt dieser auch auf seinen neuen Wegen wandern, so befreit er sich fühlen mag – der Entschluß zu gehen wurde in der *Krise* geboren. Und manches neue Glück zerbrach schon daran, daß die vorlaufende schwere Zeit schlicht verdrängt wurde und jene Eigenschaften und Verhaltensweisen, die das Ende der Partnerschaft mit herbeigeführt hatten, bestehen blieben. Ob wir es daher wahrhaben wollen oder nicht, ob wir es wollen oder nicht – wenn wir mit unserer Partnerschaft gescheitert sind, ist eine vertiefte Besinnung darauf, wer wir sind und was wir wollen, notwendig.

Daß die Umsetzung der Erkenntnisse Arbeit verursacht, brauche ich nicht zu betonen. Denn: Von Verzweiflung werden wir gepackt, nach Sinn müssen wir suchen. Von Wut werden wir überfallen, um Versöhnung müssen wir ringen. Haß ergreift uns, nach Liebe müssen wir uns sehnen. Melancholie schleicht sich in uns ein, für Gründe der Freude müssen wir uns öffnen. Zwänge zingeln uns ein, nach Freiheit müssen wir uns ausstrecken. Krankheit kommt von selbst, Gesundheit müssen wir wollen. Wollen kommt nicht von selbst. Gründe für das, was wir wollen, müssen wir suchen.

Noch eines vorweg: wenn die Krise zur Gunst werden soll und ein Mensch sein Vorhaben mit den Sätzen beginnt:
Ich muß irgendwie sehen – Ich sollte mal versuchen – Wenn es denn sein muß – Ich glaube zwar nicht, daß ich es schaffen werde, aber – Na gut, dann tue ich es eben – Wenn man es denn von mir erwartet – Mir bleibt ja nichts anderes übrig – Ich habe ja keine andere Wahl – Meine Hoffnung ist zwar gering, aber …
Wenn jemand sein Vorhaben mit einem dieser Sätze beginnen würde, dann sollte er lieber gar nicht erst anfangen.

Ich werde nun in zehn Punkten Zugänge und Wege zu sich selbst und zu eigener Sinnerfahrung beschreiben. Dabei läßt es sich nicht vermeiden, den einen oder anderen bereits angesprochenen Gedanken zu wiederholen:

1. Wer in die Krise geraten ist und vielleicht kaum noch Sinn in seinem Leben sieht, muß in die *»Wüste«* gehen. Die Wüste, die ich meine, ist die Stille. Wer sich mit sich allein läßt, wird mit dem konfrontiert, was er denkt und fühlt, was er hat und was ihm fehlt. Er begegnet, mehr als bisher, sich selbst.
Seine Unruhe wird ihm deutlicher und seine Angst. Seine

Wut dringt näher an ihn heran und auch seine Sehnsucht. Er fühlt die Ungelöstheiten in seinem Herzen und beginnt zu verstehen, wodurch sie entstanden sind. Vielleicht ahnt er auch die nächsten Schritte, die er gehen sollte, um sich von dem, was ihn bedrängt, zu befreien. Wer sich mit sich allein läßt, ahnt allerdings auch, wie wenig er sich kennt und wieviel ungelebtes Leben noch immer darauf wartet, aus-gelebt zu werden.

An diesem Wochenende will sie allein sein, will keinen Menschen sehen. Ein paar Mal hat sie versucht, mit diesem oder jenem Kollegen etwas zu unternehmen. Jedes Mal aber ist sie frustriert nach Hause gekommen. Jeder hatte es auf seine Weise gut gemeint, doch alle Unternehmungen waren irgendwie künstlich gewesen. Für dieses Wochenende hat sie sich deshalb »absolute Ruhe« verordnet. Sie will noch einmal über »alles« nachdenken. Doch das ist gar nicht so einfach …
Sie sitzt im Sessel, die Füße hochgelegt, der Tee steht neben ihr. Wo soll sie anfangen? Schon steht sie wieder auf. Unruhe treibt sie. Sie hat vergessen, die Blumen zu gießen. Sie setzt sich wieder. Und sogleich schwirren ihr tausend Gedanken durch den Kopf. Mühsam versucht sie, einen Faden in diesem Knäuel zu entdecken. Es gelingt ihr nicht.
Plötzlich kommt ihr eine Idee. Entschlossen geht sie an den Schreibtisch und bringt alles, aber auch alles zu Papier, was sie beengt, bedrängt und bedrückt. Sie achtet nicht aufs Komma, nicht auf den Stil. Sie schreibt alles aus sich heraus. Die Seiten füllen sich – sechs, acht, elf. Dann sagt sie ein lautes So!, knallt

den Stift auf den Tisch und fühlt sich erleichtert, sehr erleichtert sogar.
Langsam geht sie zum Sessel zurück und läßt sich in ihn hineinfallen. Nichts denkt in ihr, nichts bedrängt sie mehr. Stille breitet sich in ihr aus. Sie hat die Augen geschlossen, sieht in eine wohlige Dunkelheit hinein. Nach einiger Zeit empfindet sie den Wunsch, in die Stille hineinzuhören. Und irgendwann hört sie, wie von weit her, dreimal den Satz: Du bist gar nicht schwach … Ein inneres Zwiegespräch beginnt.
Die (eigene) innere Stimme: Du hast deine eigenen Kräfte zuwenig in Anspruch genommen. Sie: Er ließ mich doch auch nicht. Die Stimme: Weich nicht aus! Sie: Er war doch tatsächlich zu stark für mich! Die Stimme: Jetzt machst du dich schon wieder schwach. Du stellst dich nicht. Sie: Welche Kräfte also hab ich zuwenig in Anspruch genommen? Die Stimme: Das weißt du doch! Sie: Sicher, ich hätte mich schon besser behaupten können. Aber man will doch auch mal Frieden haben. Die Stimme: Du hättest keinen Frieden gehabt, wenn du dich ihm gegenüber mehr zur Wehr gesetzt hättest? Sie: Wie hätte denn das ausgesehen? Die Stimme: Du hättest dir mehr Respekt bei ihm verschafft, vielleicht auch Achtung. Er hätte es nicht so oft gewagt, dich kleinzumachen. Sie: Dann wäre doch der Streit nur eskaliert. Die Stimme: Ob das stimmt? Sie: Hätte ich mich wirklich gegen ihn behaupten können? Die Stimme: Du hättest es nicht gekonnt?
So oder ähnlich können Gespräche in der »Wüste« aussehen. Denn wenn ein Mensch mit sich allein ist, beginnt er mehr als bisher auf seine »innere Stimme« zu hören. Und

diese Stimme hat ganz viel mit der »Weisheit des Herzens« (Pascal) zu tun. Die innere Stimme – was ist das?
Sie ist ein Zusammenspiel von Gedanken, Intuition, Instinkt und Erfahrung. Sie kennt Ein-Sichten ins Leben und Gründe fürs Leben, die der Verstand nicht kennt. Sie spricht aus unserer eigenen Tiefe und ist »auf unserer Seite«. Wer auf diese Stimme hört, hört auf sich *selbst* und wird nicht von anderen bestimmt. Es gibt zwar keine Anweisung dafür, wie man auf sie zu hören lernen kann. Aber hören kann man sie immer, vor allem in der »Wüste« und vor allem dann, wenn man sie hören *will.*

2. Ein verzagter Mönch fragte einmal einen lebenserfahrenen Bruder, was er tun könnte, um mit seinen niederziehenden Gedanken besser umgehen zu können. Da antwortete der Alte: Kämpfe nicht gegen alle Gedanken, sondern nur gegen *einen.* Denn alle niederziehenden Gedanken haben eine *einzige* Quelle. Deshalb kommt es darauf an, *diese* Quelle zu finden, darüber nachzudenken und daraus Schlußfolgerungen zu ziehen. Danach werden auch die übrigen Gedanken so fließen, wie sie es sollen.
Es gibt auch solche »Quellen« (ich nenne sie Sinnfindungsbarrieren) vor den »Orten«, an denen wir mehr von uns selbst erfahren und neuen Sinn finden könnten. Diese »Quellen« haben einfache Namen. Sie heißen zum Beispiel Trotz, Wut, Selbstmitleid, Neid, Ehrgeiz, Maßlosigkeit, Eifersucht, Unwahrhaftigkeit, Vom-Leben-beleidigt-Sein. Und *sie* sind es, die jeweils Ein-Fluß auf solche Gedanken, Ge-

fühle, Haltungen und Handlungen nehmen, die, wenn sie *nicht* »getrübt« sind, wichtige Voraussetzungen für gelingendes Leben darstellen. Ein Beispiel für eine Sinnfindungsbarriere, die ich Verweigerung nenne:

Eine Frau trauerte einer Liebesbeziehung nach. Der geliebte Mann hatte nichts mehr von ihr wissen wollen. Sie wirkte stark depressiv, klagte darüber, sie sei sich selbst fremd geworden, ihr Leben habe keinerlei Sinn mehr. Zunehmend ging mir auf, daß sie in unseren Stunden wenig Neigung zur Mitarbeit zeigte. Zwar erschien sie pünktlich zur Stunde, versuchte die verabredete Zeit zu überziehen, brachte säuberlich notierte Träume mit – und doch: Selbst wenn sie von freundlichen Begegnungen mit anderen oder erfolgreichen Unternehmungen berichtete, schien es mir, als ob sie jedwede gute Situation herunterspielte und in ihrer Bedeutung zunichte machte. Eines Tages erzählte sie mir folgenden Traum:

Sie befindet sich in der Wüste. Die Sonne brennt auf sie nieder. Sie selbst fühlt sich ganz ausgebrannt. Treibender Sand behindert ihren Blick. Die Situation ist trostlos.
Plötzlich sieht sie eine Oase. Sie geht darauf zu und findet einen Brunnen. Menschen schöpfen daraus, löschen ihren Durst, freuen sich.
Doch sie – sie schöpft aus diesem Brunnen nicht, obwohl auch sie freien Zugang dazu hat.
Sie geht ans andere Ende der Oase und sieht einen Stand, in dem man Wasser aus einem großen Bottich schöpfen kann. Al-

lerdings darf nur der Wasser schöpfen, der mit der eigenen Kelle schöpft. Kellen sind auf der gegenüberliegenden Seite erhältlich. Vor dem Stand warten geduldig Menschen. Alle haben sich eine Kelle besorgt. Auch die Träumerin schließt sich der Schlange an. Nur ohne Kelle! Sie will das Wasser – ohne Kelle. Schließlich steht sie vor dem Stand, äußert ihr Begehren und wird abgewiesen. Sie ist erschüttert – und fühlt sich endgültig von allen verlassen.

Wer sich dem stellt, was ihm den Weg zu sich und anderem Leben verstellt, beginnt, zu sich zu stehen, standfest zu werden, *Stehvermögen* zu entwickeln. Er verhält sich klarer. Er verbraucht weniger Kraft (weil er weniger verdrängt). Er wird weniger von den ihn bedrängenden Fragen seiner Seele fixiert und sieht deshalb auch einmal über sich selbst hinaus auf andere (was ihm deren Sympathie einbringt).
Wir brauchen nicht immer Therapie, um zu erkennen, was uns davon abhält, »richtig« zu leben. Es genügt manchmal ein waches und williges Hinhören auf das, was ein Freund uns zu sagen wagt. Und hin und wieder genügt es auch, die Kritik unserer liebsten Feinde ernstzunehmen.

3. Der weitaus größte Teil der Seins- und Sinnproblematik ist in mißlingenden *Beziehungen* begründet. Der *Ursprung* dieser Konflikte [12] liegt vor allem darin, daß wir zu wenig sagen, was wir denken und empfinden – und zu wenig *das*

[12] Vgl. Martin Buber: Der Weg des Menschen nach der chassidischen Lehre, Heidelberg 1986, S. 32 ff.

tun, was wir sagen. Deshalb begegnen wir uns oft mit Masken, deshalb entwickeln wir wechselseitig Mißtrauen. Einige Beispiele:

Der Perfektionist kann aggressiv sein, zeigt sich aber freundlich. – Der Helfer kann vor »Liebe« überfließen, sucht aber vor allem Bestätigung des anderen. – Der Macher kann sich rasch und freudestrahlend mit einem anderen identifizieren, sucht aber nur seinen Erfolg. – Der Romantiker lächelt freundlich angesichts des Erfolgs des anderen, ist aber bis in die Wurzeln hinein neidisch. – Der Beobachter läßt den anderen sein Herz ausschütten, denkt aber im Stillen: Welch ein Tor! – Der Gemeinschaftsmensch scheint mit der Handlung des anderen völlig einverstanden zu sein, applaudiert aber nur, weil er es mit dem Stärkeren nicht verderben will. – Der Glückssucher strahlt den anderen an und gibt nicht zu erkennen, daß dieser ihn gekränkt hat. – Der Starke poltert seinen Unmut dem anderen entgegen und gibt nicht zu, daß dieser ihn an seiner weichen Stelle getroffen hat. – Der Ursprüngliche schweigt zu den Vorwürfen des anderen und möchte am liebsten weit weg von ihm sein.

Je häufiger wir Masken tragen, desto mehr prägen sie uns. Je mehr uns unsere Masken prägen, desto fremder werden wir uns. Je fremder wir uns werden, desto weniger wissen wir, was wir wollen. Je weniger wir wissen, was wir wollen, desto weniger wissen wir, was für uns sinnvoll ist und was nicht. Je weniger wir wissen, was für uns sinnvoll ist und was nicht, desto unklarer begegnen wir anderen – und setzen wieder Masken auf.

Andererseits: Wenn einer dem anderen »die Wahrheit« sagt, wird der andere den einen sicher nicht anstrahlen. Wenn einer sich auf die Idee des anderen nicht einlassen kann, wird der andere sich darüber bestimmt nicht freuen. Wenn einer den Interessen des anderen nicht entgegenkommt, wird der andere den einen bestimmt nicht umarmen.

Und obwohl dieser Sachverhalt ganz klar ist, unterliegen wir immer wieder der seltsamen Idee, das könnte anders sein. Vor allem aber befürchten wir, wir verlören die Zuneigung des anderen, wenn wir uns eindeutig verhielten. Doch das Gegenteil ist der Fall, in der Regel jedenfalls: Wenn wir uns einem anderen gegenüber klar verhalten, werden wir ihn zwar nicht beglücken, bald aber seine Achtung gewinnen (und unsere Selbstachtung dazu!) und seine Zuneigung gewiß nicht verlieren. Das ist so!

Gibt es überhaupt ein »Mittel«, mit Menschen gut zurechtzukommen? Wahrscheinlich dieses:

- Wenn ich mit einem Menschen spreche, kann ich im Stillen daran denken, ob ich ihm gefalle, ob er mich für intelligent hält, ob er meine Unwissenheit bemerkt, ob er meine Angst bemerkt, ob er meine geheimen Gedanken ahnt, ob er mit mir überhaupt zu tun haben will, ob er vielleicht froh ist, wenn er sich wieder verabschieden kann. Wenn ich mit einem Menschen spreche, kann ich um all das kreisen, was ich nicht bin, nicht habe, nicht kann.

Wenn ich mit einem Menschen spreche, kann ich ihn *auch* anschauen, ihm zuhören, mich für ihn interessieren, seine Andersartigkeit erleben. Ich kann die Hoffnung zulassen, daß er auch von mir etwas hören möchte, mir gegenüber offen ist, mir gut ist, sich nicht gleich ein Urteil über mich bildet, kann ich auch einmal zu glauben wagen, daß er nicht gleich an meine schwierige Vergangenheit denkt. Ich kann *ihn* im Blick haben und das von ihm erfahren, was ich noch nicht erfahren habe.

Ich weiß kein besseres »Mittel«, mit einem Menschen zurechtzukommen als dieses: *ihn* verstehen zu wollen. Und das kann man üben.

4. Die Märchen, diese Schätze der Weisheit, sind voll von Bildern und Symbolen für das Eine, das wir brauchen und das uns beglückt. Sie erzählen von dem Schatz, der auch dann zu einem guten Leben ausreicht, wenn wir meinen, wir hätten das Wichtigste verloren. Welcher Schatz ist gemeint?

Der Schatz, an den ich denke, liegt *in der Situation, in der ich bin,* und an dem Ort, an dem ich mich gerade aufhalte. Hier und heute finde ich die Gelegenheit, das Beste, den Schatz, aus dem Lebensfluß zu bergen. In dieser Zeit, unter diesen Umständen, in diesem konkreten Schicksalsraum, mit diesen Menschen eröffnet sich mir die Möglichkeit, Sinn in meinem Leben zu finden. Sinn-voll ist mein Tag also dann, wenn ich die Möglichkeiten ausschöpfe, die in *ihm* liegen. Denn Sinn finde ich nicht gestern, nicht morgen und auch nicht da, wo ich nicht bin.

Es ist Mittagszeit. Sie braucht nicht nach Hause zu hetzen, um ihm sein Essen zuzubereiten. Er ist ja nicht mehr da. Sie hat Zeit. Also geht sie in die Kantine. Nur ein Platz ist noch frei. Ausgerechnet neben dieser blöden Kuh!
Sie begrüßt die andere förmlich. Schweigend essen sie – zunächst. Dann sagt »die Kuh«: Sag mal, kennst du in der Nähe einen guten Orthopäden? Mein Knie tut so weh. Die hat eine angenehme Stimme, denkt sie und ist überrascht. Sie überlegt einen Augenblick. Dann fällt ihr jemand ein. Sie nennt die Adresse. Die andere bedankt sich. Nach dem Essen verabschieden sich beide nicht unfreundlich.
Nach Dienstschluß treffen sie sich zufällig beim Bus wieder. Er kommt noch lange nicht. Da sagt die Knie-Frau lächelnd: Ich hab Lust auf ein Eis. Du auch? Sie gehen in die gegenüberliegende Eisdiele und kommen ins Gespräch – in ein sehr schönes Gespräch. Dieses Mal verabschieden sie sich fast freundschaftlich. Als sie nach Hause kommt und in den Spiegel schaut, sieht sie, daß sie noch immer lächelt.

5. Es ist schon seltsam, daß selbst in Krisenzeiten die Träume noch immer nicht die Rolle spielen, die ihnen zusteht. Und das in *dieser* Zeit, in der wir viel von der erheblichen Bedeutung innerer Bilder für die Weiterentwicklung der Persönlichkeit wissen.
Was sind denn Träume?

Wer seine Träume Schäume nennt, gleicht dem, der eine Kugel aus Gold in den Abfall wirft, weil er meint, sie sei nichts wert.
Träume sind unsere Freunde, sind *besonders wirksame Mittel zur Erweiterung der Persönlichkeit,* sind hilfreiche Korrektoren unserer Einstellung zum Leben.
Träume mahnen, warnen und kontrollieren. Sie informieren und lehren. Sie trösten. Sie stellen in Frage und beantworten Fragen. Sie zeigen das Verinnerlichte. Sie erhellen das Vergangene und manchmal auch das Zukünftige. Sie vermitteln individuelle und allgemeine Einsichten ins Leben. Sie zeigen Bilder des Geistes, etwa der Freiheit, der Liebe, des Sinns. Und manchmal führen sie uns auch über die Grenzen hinaus bis weit in den Himmel hinein. Ein Mensch, der seine Träume versteht, versteht mehr von sich selbst und dem Leben.
Träume sind zu Bildern gewordene Gefühle und Gefühlskräfte der inneren Welt. Sie sind Bilder der Seele, die von Dingen des Lebens wissen, von denen der Verstand gar nichts weiß. Ein allgemeines Beispiel:

In einem Traum ging ein Mann sehnsüchtig durch blühendes Land. Er suchte etwas oder jemanden. Er suchte die Liebe. Da hörte er hinter sich zarte, immer rascher werdende Schritte. Er erschrak und lief davon, ohne sich umzuwenden. Sein Verfolger ließ sich jedoch nicht abschütteln. Irgendwann ließen die Kräfte des Mannes nach, und er blieb stehen.

Zögerlich drehte er sich um und sah in die Augen eines Kindes. Das Kind lachte ihn an, zunächst eher scheu, dann strahlend, vor allem aber liebevoll.
Unverwandt sah der Mann in das Gesicht, das ihm nicht unvertraut erschien.
Dann erkannte er es. Es war sein *eigenes*, vergessenes, liebevolles Gesicht, das Gesicht seines »inneren Kindes«, das noch immer darauf wartete, endlich leben zu können.

Nur ein Traum? Nur eine Illusion der Nacht? Keine Herausforderung an den Träumer, stehenzubleiben und sich dem inneren Kind, das heißt seiner verdrängten Spontaneität, Lebenslust und Daseinsfreude zu stellen? Keine Ermutigung, die verdeckte Liebe zu sich selbst endlich zu entdecken?
Man muß kein Fachmann sein, um dem einen oder anderen Traum wichtige Botschaften entnehmen zu können. Einige Zugänge zu den Träumen will ich kurz andeuten:

- Wer still in die Nacht geht, ausreichend schläft und sich am Morgen Zeit beim Aufwachen läßt, wird am ehesten seine Träume erinnern.

- Wer seinen Traum am Morgen einem anderen erzählt oder ihn gleich aufschreibt, wird die Erfahrung machen, daß er noch einmal ganz nah an das Erlebte herangeführt wird.

- Manche Träume erschließen sich, wenn wir sie wie Märchen lesen, wenn wir sie also nicht rational zu deuten versuchen, sondern uns ihnen intuitiv nähern.

- Wer einem Traum eine oder mehrere Überschriften gibt, nähert sich unter Umständen auch dem wesentlichen Trauminhalt.

- Eine einfache Frage kann ins Zentrum eines Traumes führen. Sie lautet: Was ist seine *Hauptsache*?

Was von den Träumen und ihren Bildern zu sagen ist, gilt auch von »wertorientierten Imaginationen«: Die inneren Bilder sind die *Brücke* zwischen Bewußtem und Unbewußtem. Über *sie* erfahren wir, was uns in der Tiefe, zu der wir üblicherweise keinen Zugang haben, bewegt. Über *sie* kommen wir auch mit unseren *verdeckten* Lebens- und Liebeskräften in Berührung. Nur ein Beispiel:

Ein Ehepaar mittleren Alters, sie Lehrerin, er Geschäftsmann, hatte sich nach langen Mühen entschlossen, *miteinander* weiterzuleben. Der Mann hatte vor Jahren seine Frau tief verletzt, sie hatte die Schmerzen darüber noch immer nicht überwunden. Er wiederum litt unter ihrer moralischen Überlegenheit, vor Jahren schon und heute noch immer. Nachdem die Frau in einer Einzelsitzung mit Hilfe der wertorientierten Imagination erkannt hatte, daß auch sie nicht nur edel war, *begann* sich ihre innere Erstarrung zu lö-

sen. Im Anschluß daran begleitete ich den Mann in der Imagination, in der er mehr als bisher ein Gefühl für den Wert seiner Persönlichkeit erlebte. Daraufhin schlug ich den beiden vor, sich in einer gemeinsamen Sitzung imaginativ zu begegnen. Nach einem charmanten Zögern willigten beide ein.
Nach einigen entspannenden Sätzen – beide schlossen dabei die Augen – bat ich sie, an den »inneren Horizont« zu sehen und dem Partner/der Partnerin entgegenzugehen. Dann schwieg ich und überließ beide ihren eigenen Bildern. Was sie nach dieser fünfzehn Minuten dauernden »inneren Wanderung« erzählten, war für beide beglückend und wahrscheinlich der Neubeginn ihrer Ehe. Zunächst erzählte der Mann:

Ich schaute zum Horizont und sah aus der Ferne meine Frau auf mich zukommen. Sie war sehr jung und trug ein grün gestreiftes Kleid. Als sie in meiner Nähe war, begann ein Hasch-mich-Spiel. Es hatte nämlich zwischen uns gefunkt. Schließlich kreiste ich sie ein, und sie ließ sich gern von mir fangen. Doch beim Spiel tat ich ihr weh.
Da setzte sie sich von mir beleidigt ab und lehnte sich an einen Baum. Ich dagegen kletterte auf eine Palme, so daß mich ihre strafenden Blicke nicht mehr erreichen konnten. Da aber wurde der stolze Indianer in mir wach (dem ich in der letzten Imagination begegnet war). Ich stieg von der Palme herab und hielt ihrem Blick stand. Daraufhin verwandelte sie sich zunächst in verschiedene Gestalten, bis sie

schließlich in ihrer jetzigen Gestalt liebenswert vor mir stand.
Ein gutes, warmes Gefühl durchzog mich. Ich fühlte mich im Vollbesitz meiner Kräfte. Wortlos stiegen wir in eine Kutsche und fuhren davon. Ich wußte: Wir sind ein *gleichwertiges* Paar.

Für den Mann waren diese inneren Bilder alles andere als ein spannendes psychisches Erlebnis. Er begriff, daß er sein Unterlegenheitsgefühl nicht seiner Frau anlasten konnte, daß es vielmehr darauf ankam, seinen ihm unbewußten (Indianer-) Mut endlich zu konkretem Leben zu erwecken. Die Frau hatte ihrem Mann gespannt und erfreut zugehört. Offensichtlich gern erzählte sie nun ihrerseits ihre Imagination:

Sie befand sich in einem riesigen Eisgebiet. Da sah sie ihren Mann auf sich zukommen. Er umarmte sie, was sie sehr schön fand. Zunächst zog er sie auf einem Schlitten, dann stiegen beide in einen von Pferden gezogenen Schlitten um und fuhren durch eine herrliche Schneelandschaft. Sie fühlte sich an seiner Seite geborgen und wie im Rausch.
Plötzlich verwandelte er sich in einen Bären, vor dem sie keine Angst hatte, denn sie »wußte«, daß er ein verzauberter Königssohn war. Sie wußte auch, daß die Reise zu einem fernen Schloß führen würde.
Als sie es erreicht hatten, mußte der scheinbare Bär draußen bleiben, während sie als Prinzessin in den Palast einziehen

durfte. Einsam legte sie sich schlafen. In der Nacht kam er –, nicht als Bär, sondern als Königssohn. Er mußte sie jedoch verlassen, als der Morgen graute. In der folgenden Nacht geschah das gleiche. Sie war ratlos, denn sie hätte ihn so gern erlöst. Am Tag vor der dritten Nacht machte sie sich auf die Suche nach ihm – und fand ihn in einem Verlies, abgemagert und gefesselt. Tiefes Mitgefühl (nicht Mitleid) ergriff sie. Also befreite und verpflegte sie ihn.
Als er in der nächsten Nacht nicht kam, war sie sehr verzweifelt. Da ging ihr vollends auf, wie sehr sie ihn wollte. Das Tageslicht brach an, und er erschien doch – dieses Mal als Prinz. Hand in Hand gingen sie glücklich in die Welt zurück.

Märchen sind Spiegelungen der Seele. Deshalb waren diese inneren Erlebnisse der Frau alles andere als »nur ein Märchen«, sondern die gefühlte Einsicht, daß sie Zugang zu ihrem Mann nur dadurch finden konnte, daß sie von ihrem Thron herabzusteigen und sich seiner (inneren) Not anzunehmen bereit war.

6. Nicht immer geht es bekanntlich nach unseren Wünschen. Nicht immer geht es um das, was uns »zusteht«, zum Beispiel eine Schonzeit wegen der Krise. Wir sehen uns plötzlich vor eine *Aufgabe* gestellt, die darauf wartet, übernommen zu werden – und zwar von *uns*, von keinem anderen. Ich denke etwa an eine schwerkranke Mutter oder einen pflegebedürftigen Vater, die oder der sich nicht mehr allein

versorgen kann. Verständlich wäre die Klage eines krisengeplagten Menschen schon: Warum um alles in der Welt muß ich auch damit noch belastet werden? Übersteigt diese Aufgabe nicht meine Kräfte, zumal in dieser Zeit? Und dann kann das geschehen:

Er sieht auf das, was auf ihn wartet, und hört die Frage: Wer, wenn nicht ich, käme sonst dafür in Frage? Und kein anderer antwortet... Also macht er sich an die Aufgabe heran, zunächst widerwillig. Vielleicht ist sie sogar noch unangenehmer, als er gedacht hat. Dann ahnt er, daß sie zu bewältigen ist. Nach und nach gewinnt er eine Beziehung zu ihr, gewinnt auch eine veränderte Beziehung zu sich.

Zu den besonderen Gedanken-Juwelen Viktor E. Frankls gehört seine Erkenntnis, daß menschliches Leben nicht nur *Möglichkeits-*, sondern auch *Aufgabencharakter* hat: »Das Leben selbst ist es, daß dem Menschen Fragen stellt. Er hat nicht nur zu fragen, er ist vielmehr der vom Leben Befragte, der dem Leben zu antworten hat.«[13]

Ist dieser Satz nicht eine Zumutung? Ja, er *ist* eine Zumutung. Er mutet Menschen zu, auch in ungewollten, schweren Zeiten nicht die weiße Fahne zu hissen, sondern nach solchen Werten Ausschau zu halten, die hier und jetzt gelebt werden wollen. Und es kann sein, daß jemand, der sich einer ihm abverlangten, aber ungeliebten Aufgabe nicht verschließt, zu einer gravierenden Lebensveränderung kommt.

[13] Viktor E. Frankl: Ärztliche Seelsorge, Wien 1983, S. 72

Warum? Weil ein Mensch letztlich nicht davon lebt, ob seine Wünsche in Erfüllung gehen, sondern davon, ob er seine Tage, so, wie sie sind, bejaht.
In einem Gespräch in Wien sagte mir Frankl (er durchlitt und durchlebte in drei Jahren vier Konzentrationslager) einen Satz, dessen Wahrheitsgehalt ich erst später zu begreifen begann: Selbstverwirklichung, sagte er im Blick auf den leidenden Menschen, vollziehe sich dadurch, »daß ich das Tiefste aus mir herausbringe … Denn da werde ich erst ich selbst, da bringe ich das Beste aus mir heraus. Dann zeigt sich: Ich bin noch im Leiden ich selbst gewesen, ich selbst geworden.«[14]

Vor drei Wochen war das gewesen: Es hatte ihn wie einen Schlag getroffen. Als er Konrads Stimme gehört hatte, war ihm gleich klar gewesen, daß mit ihm etwas nicht stimmte. Dann hatte der Freund gesagt: Du, ich hab Krebs. Ich lebe nicht mehr lange. Er hatte zunächst nichts sagen können, dann nur: Ich bin gleich bei dir.
Der Besuch war niederschmetternd gewesen. Er hatte ihm geholfen, seine sieben Sachen fürs Krankenhaus zu packen. Danach war Konrad noch einmal durch alle Räume gegangen und hatte nur gesagt: Das war's also. Er hatte ihn gefahren. Bei der Verabschiedung im Krankenhaus hatte Konrad seine Hand gehalten und gesagt: Kommst du mal vorbei? Ist doch klar, war seine Antwort gewesen.

[14] am 13. 6. 1971

Klar? Er ist wieder zu Hause. Gott sei Dank! Das hat ihn doch alles sehr mitgenommen. Er hat doch mit sich selbst genug zu tun. Schließlich ist ihm Maria davongelaufen. Und nun das! Konrad hat doch keine Menschenseele in dieser Stadt, denkt er weiter. Nur ihn! Die Angehörigen wohnen weit weg. Er ist der einzige, der ihn besuchen könnte. Und besuchen muß ihn ja wohl jemand in dieser Lage! Nur, warum gerade er? Warum ist er schon wieder dran mit Not und Ballast? Reicht die Trennung nicht als Problem? Könnte Konrad nicht dorthin verlegt werden, wo seine Angehörigen wohnen? überlegt er. Das wird er nicht wollen, vermutet er. Sein Verhältnis zu denen ist ja alles andere als gut. Wie dem auch sei –, er jedenfalls hat eigentlich keine Kraft mehr, zu seinen eigenen Problemen auch noch Sterbebegleitung zu leisten.

Da spürt er Konrads Hand bei der Verabschiedung im Krankenhaus. Wenn nicht ich, wer denn? fällt ihm plötzlich ein. Er weiß nicht, wo er die Frage schon einmal gehört hat. Wenn nicht ich, wer denn? hört er sich jetzt laut sagen.

Der erste Besuch im Krankenhaus hat ihm die Brust eingeschnürt. Der früher so starke Mann hat bei der Begrüßung kaum gelächelt, kaum gesprochen. Nur am Schluß hat er gesagt: Wie gut, daß du da bist! Zu Hause hat er, um sich abzulenken, den Fernseher angestellt. Doch immer wieder hat er Konrads Gesicht vor sich gesehen.

Am nächsten Tag will er endlich wieder Tennis spielen. Das hat er sich kürzlich vorgenommen. Er braucht mal wieder Freude. Die Trauer um Maria ist nämlich schlimmer, als er nach außen hin zugibt.

Und wann ist Besuchszeit im Krankenhaus? schießt es ihm durch den Kopf. Ausgerechnet in der Zeit, in der er Tennis spielen könnte. Und wenn er einmal auch an sich dächte? Hätte er dazu kein Recht? Recht schon. So, wie er Konrad kennt, würde er das sogar verstehen, wenn er heute nicht käme. Da taucht wieder das Gesicht des Freundes auf. Und er spürt deutlich, daß er gebraucht wird. Dieses Mal lächelt Konrad ihn an, als er das Zimmer betritt: Schön, daß du kommst. Ich hatte gar nicht mit dir gerechnet. Du kannst aber mit mir rechnen. entgegnet er. Und dein eigener Kummer? fragt der Kranke.
Er setzt sich, nimmt die Hand des Freundes, patscht verlegen zwei-, dreimal darauf herum und hört sich den erstaunlichen Satz sagen: Es gibt Wichtiges, und es gibt Wichtigeres. Du bist für mich jetzt das Wichtigere. Konrad drückt kurz, aber kräftig seine Hand. Dann sehen sich beide lächelnd an.
Er ist nun fast jeden Tag im Krankenhaus. Und als ihn eine Arbeitskollegin, die von diesen Besuchen weiß, fragt, ob nicht das Krankenhaus für ihn eine Flucht vor den eigenen Problemen bedeute, entfährt ihm vor Zorn ein gar nicht charmantes Wort.

Nun fordert der *Aufgabencharakter* des Lebens nicht nur zur Übernahme von Aufgaben und zu Taten heraus, sondern *insgesamt* zu einem offenen und bewußten Umgang mit dem uns umgebenden wert-vollen Leben. Eindrucksvoll hat das der Schriftsteller Willy Kramp so beschrieben [15]:

[15] Willy Kramp: Vom aufmerksamen Leben, Hamburg 1958, S. 22 f

»Die Witwe Rainer Maria Rilkes erzählte mir einmal, sie sei eines Tages mit ihrem Manne spazierengegangen, schweigend, in Gedanken versunken wie der Dichter auch. Plötzlich habe sie bemerkt, daß sich ihr Mann nicht mehr an ihrer Seite befand. Sie habe sich umgewandt und habe Rilke erblickt, wie er unter einem schönen, einzelnen Baum stand, das Gesicht ihr zugewandt in einem solchen Ausdruck von hilfloser Not und Qual, daß sie tief erschrak. Sie sei zurückgeeilt, habe ihren Mann am Arm ergriffen und ihn nach der Ursache seiner schrecklichen Verstörung gefragt. Denn sein Gesicht sei ihr in der Tat erschienen wie dasjenige eines Menschen, der sein Sterben nahen fühle.
Und Rilke habe ihr geantwortet: ›Mir war, als sähe der Baum mich an und wollte eine Antwort von mir haben. Aber ich konnte nicht antworten.‹«
Dies hat ein Dichter erlebt. Aber sein Erlebnis ist nicht nur den Künstlern vorbehalten; es kann uns allen widerfahren. In unser aller Leben gibt es Augenblicke, die uns der einzelnen Kreatur und ihrer stummen Frage so unmittelbar gegenüberstellen, daß wir das Gefühl haben: entweder es gelingt mir jetzt, aus der Tiefe meines eigenen Seins heraus zu antworten, oder aber ich verderbe, ich schwäche mich selbst, ich verliere meinen menschlichen Namen, mein menschliches Gesicht. Nicht nur der Dichter erfährt dies, sondern diese Erfahrung gehört ganz einfach zu unserer menschlichen Geschaffenheit.
Alles wesentliche Leben nämlich heißt: Antwort geben. Ein Leben ist so viel wert, als es Antwort gibt. Denn wir Men-

schen sind immerfort gefragt. Der Hund, der Sperling, die Ratte fragen uns in ihrer Lust und Qual. Der Mensch an unserer Seite fragt uns. Das Sein insgesamt fragt uns mit seinen tausend Fragen. Zu jeder Stunde anders. Mit tausend Stimmen, laut und schweigend, beglückend und quälend. Immerfort sind wir gefragt. Das ist unsere Gabe und Last als Menschen. Dies macht es aus, daß kein einziger Augenblick unseres Lebens dem anderen verglichen werden kann. Lebendig sein heißt: in jeder Stunde die ganz neue und andere Frage hören, die das Leben uns stellt, und mit einem Wort antworten, das immer wieder ein gleichsam erstes Wort ist.

7. Der Aufgabencharakter des Lebens kann auch darin bestehen, daß jemand, der von seinem Partner verlassen wurde, zur *Selbstverantwortung* herausgefordert wird. Und darin liegt eine große Chance. Denn gelebte Selbstverantwortung bedeutet, erwachsen zu sein.

Wenn mir *aufgeht*, was es bedeutet, daß ich *selbst* verantwortlich mein Leben führen kann, spüre ich, daß ich mich aufzurichten, mich wertzufühlen, mein Leben zu lieben beginne. Wenn mir aufgeht, daß es an *mir* liegt, *wie* ich durch meine Tage gehe, füllt sich das spröde Wort Selbstverantwortung mit Farbe. Dann begreife ich, daß manches, was ich als Schicksal beklage, nichts anderes war und ist als Ausdruck meiner von *mir* nicht gelebten Möglichkeiten. Dann verblassen die Gedanken an alte Verletzungen, an die scheinbar böse Welt, an all das, was das trotzige Kind in mir so gern zitiert, um eigenes Versagen zu leugnen. Dann kommt mir allerdings auch der beklemmende Gedanke, *wieviel* Kraft ich mir selbst dadurch entzogen habe, daß ich so oft nicht mich, sondern *andere* und anderes für unglückliche Stunden und Zeiten verantwortlich gemacht habe.

Mißmutig sitzt er an seinem Küchentisch. Seit kurzem kocht er selbst. Das hat er noch nie gemußt. Nun muß er, wohl oder übel, wenn er nicht das wenige Geld, das ihm nach der Trennung verblieben ist, im Restaurant lassen will.
Das Steak, das er gebraten hat, ist zäh wie … Er findet kein Wort dafür. Die Kartoffeln fallen auseinander. Das Gemüse ist ungenießbar. Der Herd sieht aus, als hätte er ihn mutwillig beschmutzt.
Eine Nachbarin hat ihm geraten, sich ein Kochbuch zu kaufen. Dann geht's ganz leicht, hat sie gesagt. Das will ich aber nicht, hat es in ihm geantwortet. Ein Mann kocht nicht! Wer aber soll denn für ihn kochen, wenn nicht er? Sie ist ja nicht mehr da. Für sie war's selbstverständlich, daß sie das Haus mit allem Drum und Dran versah, für ihn auch. Warum eigentlich? So recht weiß er darauf keine Antwort. Stattdessen geht ihm auf, daß er in dieser Beziehung von ihr abhängig geworden ist. Nun steht er da – ohne sie – und kommt sich vor wie ein unmündiges Kind.
Da beschließt er, doch ein Kochbuch zu kaufen. Er will auch auf die Putzfrau verzichten und die Wäsche selber waschen. Seltsam: Schon dieser Entschluß verschafft ihm ein Gefühl der Genugtuung. Und als er ihn in die Tat umgesetzt hat, scheint es ihm, als habe er einen noch verschlossenen inneren Raum geöffnet.

Einige Zeit später. Seit der Trennung hat er sich oft von Freunden einladen lassen. Sie haben sich rührend um ihn gekümmert. Nie hat er daran gedacht, daß auch er sie einmal einladen könnte. – Heute hat er die Freunde eingeladen, hat für sie gekocht, den Tisch festlich geschmückt (die Falten in der Tischdecke hat er nicht bemerkt), die Musik vorbereitet. Gleich werden sie kommen. Noch ein wenig schwitzend steht er vor seinem Werk und denkt: Gar nicht so schlecht, nicht mehr auf andere angewiesen zu sein. Und als er in den Spiegel sieht, staunt er, daß aus seinem Gesicht die Leidensmiene fast gewichen ist.

8. Kaum etwas ist befreiender, kaum etwas schafft bessere Bedingungen für die Erweiterung der Persönlichkeit und für die Sinnfindung als die Reduzierung der *Ichbezogenheit.* Je mehr ich um mein Ego kreise, desto lebensunfähiger und unglücklicher werde ich. Je mehr ich darüber klage, was ich nicht habe, und mich darüber ärgere, was ich nicht bin, je mehr ich fordere, was doch mir wie allen anderen »zusteht«, je mehr ich das Leben um mich herum aus dem Blick verliere, desto mehr entferne ich mich von dem, was und wie ich im Grunde sein und leben möchte: heiter und gelassen, auch wenn die Umstände nicht günstig sein sollten.
Kaum etwas macht mich andererseits gelöster, gelassener –, nichts bringt meine besten Seiten leichter zum Vor-Schein als das Bemühen darum, das Ego-Zentrische nicht permanent zum Zuge kommen zu lassen. Wer freier wird von seiner Ichbezogenheit, dem weitet sich der Blick, damit zugleich die ganze Seele. Wer weniger ich-bezogen und daher

weniger ein-seitig denkt, fühlt mehr das Herz der Welt und damit gewiß auch sein eigenes.

Der Weg zu dieser Befreiung? Eine schlichte Anregung, die ich mir immer wieder zumute:
Ich durchwandere in Gedanken meine verschiedenen Lebensgebiete und frage mich konkret und wenig vornehm, in welchen Situationen und welchen Menschen gegenüber ich wieder einmal egoistisch war. Die Kur schmerzt wie Jod in frischer Wunde, erleichtert und befreit jedoch für eine gewisse Zeit ganz ungemein.

9. Es gibt etwas, was die aufgebrochene Frage nach dem Sinn im Leben zur Ruhe kommen lassen könnte. Vielleicht ist das, woran ich denke, sogar der größte Gewinn, der aus der Krise erwachsen könnte. Ich scheue mich ein wenig, diese größte Chance beim Namen zu nennen. Denn das, worum es geht, ist so gar nicht modern.
Es war die Leistung der Tiefenpsychologie, daß sie den Menschen des 20. Jahrhunderts weit mehr als andere Epochen an ihn *selbst* verwies, daß sie ihn lehrte, *ich* zu sagen, und ihn ermutigte, nach den eigenen Wünschen zu fragen. Und das war gut. Denn allzu lange wurde der Mensch zuwenig ermutigt, selbständig und eigensinnig zu sein, was zur Folge hatte, daß er sich viel zu konformistisch und selbstfern verhielt.
Die Überbetonung des eigenen Ich hatte allerdings zur Folge, daß der Mensch zu stark auf sein Ich *fixiert* wurde.

Ich meine damit das einseitige Fragen danach, ob *ich* nicht zu kurz komme, ob *ich* auch genügend beachtet werde, ob *meine* Wünsche erfüllt werden, ob *ich* auch häufig genug »dran« bin etc. Und das hatte und hat wieder Folgen:

Wer primär um sein Ich zentriert ist, sieht immer weniger auf andere und anderes. Er hat vor allem sich und seine Bedürfnisse im Blick. Er wird zur Monade. Er gerät in den »Käfig seiner Subjektivität« (Frankl), ist eingesperrt in seine eigene Seins- und Wunschwelt und bezieht sich nur noch auf sein wunsch-erfülltes Ego. Deshalb verliert er den Blick für »die Welt« und *deren* Werte. Sie wird für ihn wertarm. In dem Maße aber, in dem er die Beziehung zu *anderem* Leben verliert, verliert er seinen Sinn.

Auf die Wiederentdeckung der schönsten, heilsamsten, tiefsten und stärksten Lebensmöglichkeit – darauf will ich hinaus. Ich spreche davon, daß ein Mensch liebt, *selber* liebt: andere, die Welt, das Leben, daß die Liebe – ich meine damit eine *wohlwollende und lebenbejahende* Haltung – das Wichtigste, die Hauptsache im Leben ist. Ich will darauf hinaus, daß *diese* Hauptsache wie nichts anderes Sinn im Leben begründet. Darüber hinaus kann ich mir nicht vorstellen, daß es etwas gäbe, was Angst, Niedergeschlagenheit, Sehnsucht, Verzweiflung etc. gründlicher zu überwinden imstande wäre als eben dieses: selber zu lieben.

Damit ja kein Mißverständnis entsteht: Meine Einschätzung der Kraft der Liebe kommt nicht aus einem ethisch-moralischen Gehäuse. Ich habe keine bestimmte Weltanschauung im Blick. Mir liegt nichts daran, durch eine Hintertür den krisengeschüttelten Menschen auf den Weg der Tugend zu lotsen. Ich spreche vielmehr von *der* spezifischen Möglichkeit des Menschen, die das Leben rund und heil werden läßt wie keine andere Fähigkeit und Fertigkeit.

Da höre ich nun die Frage dessen, der von seinem Partner verlassen wurde: Ausgerechnet ich, der ich darunter leide, nicht mehr geliebt zu werden – ausgerechnet *ich*, der ich durch die Trennung mein Selbstbewußtsein verloren habe, soll *andere* lieben? Ist das nicht eine geradezu zynische Forderung?

Ich verstehe diesen Einwand. Deshalb würde ich auch nicht mit jemandem darüber reden, der gerade seinen Partner verloren hat. Doch wenn die Krise zur Gunst werden soll, wenn neue Sinnerfahrung gefragt ist, dann gilt es, das *Beste* aus der Krise herauszuholen. Und das Beste *ist* nun einmal die Überwindung überstarker Ich-Tendenzen zugunsten einer veränderten, wohlwollenden und bejahenden Sicht anderen Lebens.

Kann man es lernen, selber zu lieben?

Es ist Freitagabend. Er sitzt in seinem Sessel. Warmes Licht füllt den Raum. Er bemerkt nicht, daß er schon sein drittes Glas Cognac geleert hat. Müde läßt er seinen Blick durch den Raum wandern. Hier könnte man leben, denkt er. Doch an seiner Stimmung ändert das nichts. Was empfindet er überhaupt? Er weiß es nicht. Er weiß überhaupt nichts mehr. Er funktioniert.

Er funktionierte auch, als er damals diese Wohnung neu einrichtete. Als Maren noch bei ihm war, war alles anders. Als seine Freunde noch zu ihm hielten, war ihm der jetzige Zustand fremd. Als er plötzlich allein dastand, schien es ihm, als wäre um seine Brust ein breiter Eisenring gezogen worden. Er fühlte sich gedrückt, gepreßt, festgehalten, verloren. Es war, als hätte das Leben ihn verlassen. So fühlt er sich inzwischen nicht mehr.

Der Tag heute war nicht schlecht gewesen. Er hatte einen Spaziergang um die Alster gemacht, Menschen beobachtet, im Café gesessen, die Sportschau gesehen. Der Tag war normal verlaufen. Nun sitzt er hier, hat Zeit, viel Zeit, weiß aber nicht, wie er sie füllen soll. Und morgen?

Er wird zur Arbeit gehen, wie immer. Er wird mit seinen Kollegen reden, wie immer. Er wird sich am Abend ein paar Akten mit nach Hause nehmen, vielleicht noch einen Krimi sehen und dann schlafen. Allein schlafen. Allein aufstehen. Allein überlegen, was er in der Woche tun könnte. Tun? Was denn und wozu denn? Wozu um alles in der Welt soll er noch funktionieren? Was soll das: dieses Aufstehen und Schlafen, dieses Arbeiten und Reden, dieses Planen und Ausführen?

Er hat sich aufgesetzt, hat das Cognac-Glas beiseite gestellt, ist plötzlich hellwach. Was soll das Ganze? sagt er laut vor sich hin. Sein Nacken schmerzt ihn, die Schultern sind verspannt. Er reckt und streckt sich, doch die Verspannungen bleiben.

Er steht auf, wandert im Raum hin und her, her und hin. Er verschränkt die Arme im Rücken, als könne er sich dadurch Halt verschaffen. Sein Blick fällt auf einen Buchrücken mit dem Wort »Sinn«. Da lacht er auf, kurz, spöttisch, zynisch. Sinn! Welch ein Unsinn! sagt er hart in den Raum hinein.

Sinn? Er hat sich wieder gesetzt, spielt nervös mit den Händen. Ja, Sinn gab es, weil es Maren gab. Und weil es Maren gab, bereitete ihm auch alles andere Vergnügen. Aber Maren gibt es nicht mehr, und darum macht ihm auch alles andere keinen Spaß mehr, geschweige denn Sinn, resümiert er. Einen Augenblick scheint es, als tue ihm diese Klarheit gut. Noch einmal greift er zur Cognac-Flasche und lehnt sich im Sessel zurück.

Weil es Maren nicht mehr gibt, ist alles sinnlos... Seine Stirnfalte vertieft sich. Darf das so sein? fragt er leise. Das darf so sein! begehrt er auf, denn ich habe sie geliebt wie niemanden sonst. Jemanden wie sie werde ich nie wieder treffen! Er wiederholt den Satz noch einmal, als müßte er ihn behalten: Weil es Maren nicht mehr gibt, ist alles sinnlos ...

Irgendetwas stimmt daran nicht, denkt er. Das fühlt er auch. Aber was? Sie war doch der wichtigste Mensch in seinem Leben. War sie etwa der Inbegriff des Lebens für ihn? War sie sein Sinn? Brauchte er sie, um leben zu können? Kann man als Mensch nur dann leben, wenn ein bestimmter anderer bei einem ist?

Wovon und wofür leben denn die vielen Singles? Führen die alle miteinander ein trostloses Leben? Sein Kollege Peter gehört jedenfalls nicht zu denen, Erwin auch nicht, und Sven? Der würde erst gar keine Bindung eingehen wollen.

Da sieht er Maren vor sich, sieht ihr feingeschnittenes Gesicht, ihre großen Augen, ihre schlanke Taille, ihre schönen Beine. Er spürt einen Stich im Herzen. Er wischt sich Schweißperlen von der Stirn. Soll das etwa heißen, daß ich von dieser Frau abhängig bin wie ein Süchtiger von der Droge? fragt er sich. Weil sie nicht mehr da ist, macht mich das krank? Weil sie nicht mehr da ist, kann ich nicht mehr leben? Weil sie mich nicht mehr will, will ich sie umso mehr? Da kann doch was nicht stimmen, überlegt er weiter.

Er stellt die Flasche auf den Kühlschrank. Er braucht jetzt keinen Cognac, sondern einen kühlen Kopf. Wie war denn das, als ich sie noch nicht kannte, fragt er sich. Nicht schlecht, gar nicht so schlecht, geht ihm auf. Von Sinnlosigkeit jedenfalls keine Spur. Von Stichen im Herzen auch nicht. Bilder der alten Zeit tauchen vor ihm auf – und mit ihnen ein Gefühl schon fast vergessener Freiheit. Ja, Freiheit! Er konnte nicht nur tun, was er wollte. Er tat's auch mit Vergnügen. Nicht immer, natürlich nicht, aber insgesamt lebte er gern. Es gab nicht selten Zeiten, in denen er sich schon beim Aufwachen auf den Tag freute. Wenn das kein Leben mit Sinn war?!

Dann kam Maren. Und mit ihr noch viel mehr Glück, doch nur für einige Monate. Dann schlich sich Unbehagen ein, Ärger, schließlich Frustration –, nicht immer, doch nicht selten. Der Rest ist bekannt, sagt er spöttisch zu sich. Nein, er will sich nichts vormachen. Die Zeit mit ihr möchte er niemals missen. Trotz der späteren Entwicklung hat er Dinge mit ihr erlebt wie nie zuvor. Heißt das, fragt er sich, daß er nie wieder das Leben so toll finden kann wie in der Zeit mit ihr? Kann schon sein, denkt er. Oder doch? Wer will das wissen?

Plötzlich geht ihm etwas auf. So hat er das bisher nicht gesehen. Das ist ja ein seltsam neuer Gedanke. Es geht ihm auf, daß er

bei allem, was er denkt und empfindet, gar nicht bei sich, sondern nur bei ihr ist. So, als ob – wie soll er das nur sagen? – so, als ob sie seine Mitte, sein Halt, sein Ziel, ja Inhalt seines Lebens gewesen wäre. Nun beginnt er zu begreifen, was er vorhin erst zu ahnen begonnen hat.
Er steht wieder auf, öffnet das Fenster, riecht die frische Luft, die in seinen von Cognacduft geschwängerten Raum einzieht, atmet tief durch. Vom nachbarlichen Garten her dringt munteres Stimmengewirr zu ihm hoch. Fetzige Rhythmen übertönen die Stimmen. Ob die tanzen? Er bleibt stehen, hört in den Garten hinein, läßt sich allen Ernstes die Fröhlichkeit gefallen. Irgendetwas in ihm ist jetzt anders als vorhin. Eine ihm bekannte Melodie summt er sogar mit. Dann kann er es doch nicht lassen: Ich weiß nicht, was soll es bedeuten, daß ich so fröhlich bin, witzelt er über sich selbst.
Nach einiger Zeit schließt er das Fenster. Nur nicht übermütig werden, brummt er. Was ist der Stand der Dinge?
Ich bin gesund, ich habe eine schöne Wohnung. Ich habe auch Arbeit. Die Kollegen mögen mich. Es wird Frühling. Ich habe Geld, um bald verreisen zu können. Das zum Positiven. Das Negative? Maren ist weg. Ich hänge noch immer an ihr. Die Freunde sind weg. Meine eigenen Eltern sind nach der Trennung auf Abstand zu mir gegangen. Eine neue Frau ist nicht in Sicht. Das ist das Negative?
Das Telefon klingelt. Ein Kollege fragt an, ob er ihn morgen vertreten könne. Er sagt zu. Der Kollege will nicht gleich auflegen und wenigstens einige persönliche Worte wechseln. Du klingst aber gar nicht gut, sagt er. Oh, doch, antwortet er ge-

preßt. Nun sag schon, Alter, gibt sich der Kollege etwas zu vertraut. Na ja, wirft er dem anderen hin, es ist nicht nur amüsant, am Sonntag abend allein zu Hause zu sitzen. Der Kollege beendet das Gespräch nicht, ohne einige biedere Ratschläge gegeben zu haben. Er ist froh, die Unterhaltung hinter sich gebracht zu haben.
Stand der Dinge …, das Negative… Wo war ich stehengeblieben? Dabei: Eine neue Frau ist nicht in Sicht. Also schon wieder das Thema Frau! Schon wieder das Thema Abhängigkeit? Worauf käme es denn für einen Menschen in einer solchen Situation an, fragt er dozierend.
Doch nicht nur auf das, was man hat, schießt es ihm durch den Kopf. Sondern? Auch auf das, wer man ist … Und wer bin ich? Er fährt mit der rechten Hand durchs volle Haar, fährt mit ihr über den Mund, läßt sie am Kinn liegen.
Wer bin ich denn? Die Frage, fast theoretisch gestellt, beginnt in ihm zu wirken, sich auszubreiten. Sie hält ihn fest. Sein Atem geht rascher. Ja, wer bin ich denn? fragt er laut. So dringlich wie jetzt hat sich ihm diese Frage noch nie gestellt. Einen Augenblick sieht es so aus, als ob er sie wieder beiseite schieben könnte, aber es gelingt ihm nicht. Er beginnt nachzudenken:
Ein gescheiterter Ehemann – ein halbwegs guter Lehrer – manchmal warmherzig, manchmal kühl – skeptisch – mißtrauisch – verläßlich. Er hält seine Gedanken an. Wieder stimmt irgendetwas nicht. Das spürt er ganz deutlich. Wichtiges fehlt. Aber was? Seit langem greift er wieder einmal zur Zigarette, wirft sie jedoch nach wenigen Zügen wieder weg.
Was fehlt? Da muß noch etwas anderes sein, das ich wissen

muß, ahnt er. Er schließt die Augen. Ein Traum fällt ihm ein. Er liegt schon lange zurück. Er hatte ihn Maren erzählt, und sie hatte nur gesagt: Wenn du den verstehen würdest …
Der Traum spielte in einem fernen Land. Ganz allein schlenderte er durch eine große Menschenmenge über einen Basar. Plötzlich waren alle Menschen verschwunden – bis auf jene hinter den Verkaufsständen, zerlumpte, verarmte, traurige Gestalten. Ihm wurde unheimlich, obwohl fast alle ihn anlächelten. Am Ende des Weges hielt eine jüngere Frau die Hand auf und streckte sie ihm entgegen, nicht fordernd, eher bittend. Doch er – er ging weiter.
Das ist es, sagt er nun halblaut vor sich hin, ja, das ist es. Das, was mir fehlt, ist die Liebe. Die Liebe ist es, die mir fehlt. Dieses Selber-Lieben …
Nach ihr hat er sich immer gesehnt, hat sie gefordert. Selbst geliebt hat er wenig. Auch Maren nicht? Wahrscheinlich viel zu wenig. Doch er verbietet sich, wieder nur an sie zu denken. Das ist jetzt nicht dran, sagt er streng. Also, das ist es: Er hat zu wenig geliebt.
Seltsam – das Wort, mit dem er bisher so sparsam umgegangen ist, wird ihm vertrauter. Nein, nicht das Wort, sondern das, was es meint.
Was wäre eigentlich, wenn er lieben könnte? Bei der Frage spürt er nicht nur Neugier, es ist ihm auch ein Anliegen, herauszufinden, was wohl wäre, wenn er lieben könnte. Und da kommen sie schon, die neuen Gedanken und Ideen und Bilder:
Er würde nicht mehr ständig um sich selbst kreisen, denkt er. Er nähme sich nicht mehr so wichtig. Er wäre offener für andere.

Er hätte mehr Interesse an Menschen – und nicht nur an Menschen. Er würde nicht mehr so viel fordern, er würde auch geben. Er hätte einen anderen Blick für andere. In seiner Nähe würde es wärmer sein und auch in ihm selbst. Er ginge nicht mehr so verschlossen durchs Leben. Er würde mehr vom Leben verstehen.
Lange bleibt er sitzen – sieht ein Leben vor sich, das ihm keine Utopie zu sein scheint – und spürt, daß die Hoffnung ihn nach vorne drängt.
Heute unterläßt er es zum ersten Mal, sich das zu sagen, was er sich immer sagte, wenn ihm in den letzten Monaten »positive« Gedanken kamen: Mach dir nur keine Illusionen.

Kann man lernen, selber zu lieben? Ja – und wie? Ich kann lernen, selber zu lieben,

- wenn ich mich nicht scheue, die Frage danach, worin ich zu ichbezogen bin, ehrlich und konkret zu beantworten –, wenn ich aufhöre, *ständig* danach zu fragen, was mir zusteht, was ich brauche, was ich will – und damit beginne, mein vielleicht verdecktes oder abgespaltenes *Wohlwollen* dem Leben gegenüber mehr als bisher zuzulassen,

- wenn ich mich dazu *entscheide*, fortan und immer wieder *hinzusehen, hinzusehen, hinzusehen* auf Menschen, Tiere, Pflanzen, Natur, Kultur, auf Leben, wie es sich *selber* zeigt,

- wenn ich zu ahnen beginne, daß alles, was lebt, eine tiefe Sehnsucht danach hat, *angenommen, angenommen, angenommen* zu werden,

- wenn ich mich manchmal frage, was wohl wäre, wenn ich selbst zu denen gehörte, deren Hauptsache darin besteht, andere und anderes immer mehr annehmen zu wollen.

Ob es leicht ist oder schwer, das Lieben zu lernen? Es hängt davon ab, ob ich die *mögliche* Einsicht zulasse, daß Lebensbejahung die *einzige* Möglichkeit ist, zur Lebenserfüllung zu kommen.

10. Menschen macht menschlich, wenn sie *über sich selbst hinausfragen.* Denn gerade das gehört zu ihrem Wesen.
Unser dinglicher Horizont ist begrenzt, unser geistiger nicht. Unser äußeres Auge sieht nur bis zur nächsten Mauer, unser inneres aber schaut noch hinter die Sterne – jedenfalls seinen Möglichkeiten nach. Deshalb ist für einen Menschen nichts natürlicher, als daß er danach fragt, »was die Welt im Innersten zusammenhält« (Goethe). Und der, der danach fragt, wird, ohne es beabsichtigt zu haben, eine erhebliche *innere Ausweitung* erfahren. Wie merkwürdig also, daß sich so viele Menschen zieren und genieren, wenn von »Gott« die Rede ist.
Kann es sein, daß der Grund für diese Scheu im Mangel an Selbst-Erfahrung liegt? Nachdenklich macht mich nämlich,

daß viele, die über »Gott« nicht reden mögen, auch über ihre eigene Seele nicht sprechen mögen. Sie fragen auch kaum nach ihrer inneren Welt – und erfahren deshalb nicht, wie tief und weit und faszinierend sie ist.
Selbst-Erfahrung aber ist Gotteserfahrung. Erfahre ich mich selbst in der Tiefe meines Seins, dann erfahre ich nicht nur die Großartigkeit meines eigenen Lebens (selbst dann, wenn ich in Not bin!), sondern des Lebens überhaupt. Dann aber gewinnt auch meine Offenheit für »Gott« eine andere Qualität.

Solltest du jedoch fragen, wie ein Mensch konkret Gott finden kann, dann bringst du mich in Verlegenheit. Ich weiß darauf keine Antwort, jedenfalls keine, die deinen Verstand befriedigen würde. Gott ist für uns zu nah und gleichzeitig zu fern, als daß wir Wege zu ihm beschreiben könnten.
Mit dem Glauben ist es wie mit der Liebe. Beide lassen sich nicht machen. Die Liebe begegnet uns, der Glaube auch. Trotzdem: Wenn uns die Liebe begegnet, dann nur, wenn wir ihr entgegenkommen und sie suchen. Das gleiche gilt für den Glauben.
Alles, was groß ist im Leben, läßt sich nicht greifen und fassen. Und doch zeigt es sich, wenn wir uns für die Begegnung offenhalten. Es gibt Hilfen, um zu finden, was die Welt und damit die eigene Seele im Innersten zusammenhält:
– die Stille suchen, denn in den Tiefen der eigenen Seele ist Gott,

– lieben, selber lieben, denn in der Liebe zeigt sich Gott,
– überwinden, was dich selbst an deinem ureigenen Leben hindert, denn Gott begegnet dir nicht im Dunst,
– Menschen fragen, die Erfahrung mit Gott haben, doch wende dich von denen ab, die dich belehren wollen – hör lieber auf jene, die nicht viel reden, denn nicht selten sind sie es, die viel vom Grund des Lebens ahnen.

Hoffnung auf Versöhnung?

Viele Paare, die sich trennen, nehmen sich ernsthaft vor, fair und freundschaftlich auseinanderzugehen. Solche Vorhaben werden vor allem dann formuliert, wenn die Trennung noch nicht konkret vollzogen wurde. Doch von dem Tage an, an dem sich die Wege tatsächlich trennen, entsteht häufig eine Kluft, die sich im Lauf der Zeit vertieft.

Solange das Paar noch beieinander wohnt, läuft vieles, was üblich war, weiter wie eh und je: im Haus, im Haushalt, mit den Kindern, manchmal auch im Freundeskreis. Informationen werden ausgetauscht, Filme miteinander angesehen. Über die »Feinde« schimpft man noch immer gern gemeinsam, auch über die angenehmen Nachrichten freut man sich noch immer gemeinsam etc. Doch mit der äußeren Entfernung wächst die innere Entfremdung.

Jeder lebt nun in seiner eigenen Wohnung, hat seine eigenen Gesprächspartner, (die, wie gesagt, keineswegs immer Freundesdienste leisten). Jeder hat seine eigenen Aufgaben, seine eigenen neuen Abwechslungen etc. – und häufig seinen eigenen Rechtsanwalt.

Der erste Brief des Anwalts kommt, der zweite, der dritte. Man erkennt die Briefe schon von weitem. Man fürchtet sie, man haßt sie. Und in den Briefen stehen Unterstellungen, Behauptungen, Forderungen, Drohungen … Das hätte ich von ihm, von ihr nicht gedacht. Wütende Anrufe und Besuche beim eigenen Anwalt sind die Folge. Wieder werden Briefe aufgesetzt, nun an die Adresse der »gegnerischen

Partei« gerichtet. Der Streit eskaliert. Freunde und Bekannte beider Partner beteiligen sich an den Streitereien. Immer ferner rückt der, der einst so nah war.

Nicht immer so, aber häufig so oder ähnlich werden aus Paaren, die in der unmittelbaren Trennungszeit noch miteinander halbwegs menschlich reden konnten, Gegner, vielleicht sogar Feinde. Das gilt nicht nur für verheiratete, das gilt auch für unverheiratete Paare, wenngleich letztere es in der Regel darin leichter haben, daß die rechtlichen Probleme eine geringere, vielleicht gar keine Rolle spielen. In vielen Fällen also ist die Trennung nicht die *Beendigung* der Auseinandersetzungen, sondern deren *Verschärfung*. Und darum rückt die Versöhnung, nach der sich die meisten getrennten Paare im *Grunde* sehnen, zunächst einmal in weite Ferne.

Es gibt bekanntlich zwei Formen von Versöhnung: die zwischen den *beiden* Partnern – und jene, um die sich der Partner *für sich* allein bemüht.

Wozu aber überhaupt Versöhnung, wenn die beiden nach der Trennung ohnehin *getrennte* Wege gehen?

Liebe und Haß sind *unteilbare* Gefühle. Sie beschenken oder treffen nie nur den anderen, sondern *zugleich* die eigene Seele. Wer einen anderen liebt und ihm das Gefühl vermittelt, warm, weit, frei und angenommen zu sein, fühlt sich selbst warm, weit, frei und angenommen. Das gleiche gilt auch für den Haß: Wer einen anderen haßt, ihn kalt behandelt, einengt, verfolgt und heftig ablehnt, fühlt sich, *wenn* er sich seinen Gemütszustand näher anschaut, selbst kalt, eingeengt, vom eigenen Haß verfolgt und von sich selber abgelehnt. Er hat keinen Frieden. Und was vom Haß gilt, gilt selbstverständlich auch von Wut, Feindseligkeit, Verachtung, Boshaftigkeit oder Schadenfreude etc.

Eine Hauptfolge ist, daß der Hassende zuviel von seiner Vergangenheit angezogen wird und zuwenig in der Gegenwart lebt. Wer haßt, verkennt die *neuen* Chancen, die nur *in* der Zeit liegen. Deshalb auch zerbricht manche neue Beziehung daran, daß sich jemand vom Haß gegen den alten Partner verzehren läßt. Denn die neue Liebe findet wenig Raum in der von Aggression gefüllten Seele.

Dort, wo gehaßt wird, leidet immer auch die Gemeinschaft, die mit dem Hassenden zusammenlebt. Es entwickelt sich eine »schicksalswirkende Tatsphäre« (K. Koch). Das heißt: Weil wir Glieder eines sozialen Netzwerkes sind, wirkt sich das, was wir sind und tun, immer auch auf die aus, mit denen wir verbunden sind, und umgekehrt. Diese Strahlungen gehen weiter, als wir vermuten. Und besonders davon betroffen sind die *Kinder* eines Paares, das sich getrennt hat.

Es ist Sonntagabend. Sie ist schon unruhig. Die Kinder hätten bereits seit zehn Minuten zu Hause sein sollen. Er weiß doch, wie Unpünktlichkeit sie nervt. Wenn das noch 'mal vorkommt, wird sie den nächsten Besuch verbieten. Dann kann er schmoren. Voll Wut umklammert ihre Hand den Telefonhörer.

Es klingelt. Die Kinder stürmen ihr entgegen, beginnen schon auf der Treppe zu erzählen, was sie alles erlebt haben. Auch er kommt, will die Verspätung entschuldigen. Mit steinernem Gesicht sieht sie ihm entgegen. Er will ihr die Hand geben. Sie tut, als habe sie seine Geste nicht gesehen. Augenblicklich verstummen die Kinder. Sie schleichen an der Mutter vorbei ins Wohnzimmer.

Kommt Papa noch rein? fragt die Kleine den Älteren. Weiß ich nicht, gibt er trotzig zurück. Er wirft sich in den Sessel und drückt den Fernsehknopf. Den Ton stellt er ganz laut. Du guckst ja gar nicht hin, sagt sie. Tu ich doch! Wütend stampft er mit dem Fuß auf.

Vom Flur her dringt die schrille Stimme der Mutter ins Zimmer. Der Vater versucht, sie zu beschwichtigen. Dann knallt die Tür. Weiß vor Wut steht Mutter im Zimmer. Sie zittert am ganzen Leibe. Dann wirft sie die Hände vors Gesicht und weint hemmungslos. Leise nähern sich ihr die Kinder, zuerst sie, dann er, nach einigem Zögern. Vorsichtig legen sie ihre kleinen Hände auf die Schulter der Mutter. Es dauert lange, ehe sie sich beruhigen kann.

Am nächsten Abend ruft seine Lehrerin an. Vom Flur her hört er, was Mutter sagt. Er weiß, worum es geht. In der Pause hat er einen Jungen verprügelt. Er selbst weiß gar nicht mehr, warum. Mutter ist gefaßt, versucht, der Lehrerin sein Verhalten zu erklären: Sie waren gestern beim Vater. Da muß irgendetwas schiefgelaufen sein, sagt sie. Da hält es ihn nicht mehr. Nein! brüllt er, ist es nicht. War so toll! Die Mutter entschuldigt sich bei der Lehrerin für sein Verhalten, legt rasch auf, will zu ihm gehen, doch er läuft in sein Zimmer und verschließt die Tür. Erst spät am Abend öffnet er ihr sie.

Mutter ist lieb zu ihm, streichelt seinen blonden Schopf, sagt nur ein zärtliches: Na? Er ist wütend über sich, weil ihm Tränen kommen, preßt die Zähne zusammen. Soll doch hier keiner merken, was in ihm vorgeht. Nach langer Zeit sagt er: Was ich nicht verstehe: So viele Menschen mögen Papa – und du findest ihn schrecklich.

Sie antwortet nicht gleich. Dann: Ich hab Papa einmal gemocht, sehr sogar. Dann ist er einfach abgehauen … Und weil er abgehauen ist, ist er nun ein schrecklicher Mensch? fragt er zurück. Sie schweigt wieder. Dann: Er hat uns alle allein gelassen. Stimmt nicht, erwidert er, Maja und mich würde er doch am liebsten immer bei sich haben. Sie will nicht wieder ausfällig werden, sagt deshalb nur: Ja, das würde er … Sehr wohl bemerkt Felix die Ironie, die in ihren Worten liegt, kann aber darauf nicht antworten. Mutter hat die Wahrheit gesagt – und doch nicht die Wahrheit gesagt. Er weiß nicht mehr, was er denken soll. Nein, er weint nicht, aber er vermeidet ihren Blick. Langsam zieht er sich aus, legt sich ins Bett, murmelt nur noch »Nacht«.

Auch sie weiß nichts mehr zu sagen. Sie hat Frieden mit ihrem Sohn schließen wollen, und das ist nicht gelungen. Sie geht ins Wohnzimmer zurück, setzt sich langsam auf die Couch, faltet die Hände, wie sie es immer tut, wenn sie einen roten Faden in ihren Gedanken sucht. Doch immer wieder hört sie nur seinen Satz: So viele Menschen mögen Papa – und du findest ihn schrecklich …

4. Was könnte ein aggressiver Mensch *tun*, um sich mit seinem früheren Partner auszusöhnen, obgleich die Fortsetzung der Partnerschaft nicht mehr möglich ist?

- Die schon gegebenen Hinweise fasse ich so zusammen: Wenn sich der Verlassene mit seinem Geschick ausreichend auseinandergesetzt und Distanz zu seinem Verlust gewonnen, wenn er sich neue Sinnfelder erschlossen hat, gewinnt er in aller Regel Distanz auch zu seinen Aggressionen. Doch wenn er trotzdem nicht zum Frieden kommt, braucht er therapeutische Hilfe.
- Je tiefer sich ein Mensch kennenlernt, desto tiefer begreift er, daß er sich qualitativ keineswegs von seinem Partner unterscheidet und daher seine Rundum-Verurteilung Ausdruck seines Mangels an Selbsterkenntnis ist. Niemand kann *letztlich* wissen, warum der eine freier, heiterer, offener, disziplinierter ist als der andere. Niemand hat letztlich Ein-Sicht in die Seele des Gescholtenen, warum dieser so triebhaft, aggressiv, egoistisch oder motivationsmüde ist. In großartiger Einfachheit hat Hermann Hesse diese Unmöglichkeit beschrieben:

»Stelle dir dein Wesen als einen tiefen See mit kleiner Oberfläche vor. Die Oberfläche ist das Bewußtsein. Dort ist es hell, dort geht das vor sich, was wir denken heißen. Der Teil des Sees aber, der diese Oberfläche bildet, ist ein unendlich kleiner. Er mag der schönste, der interessanteste Teil sein, denn in der Berührung mit Luft und Licht erneuert, verän-

dert, bereichert sich das Wasser. Aber die Wasserteile selbst, die an der Oberfläche sind, wechseln unaufhörlich. Immer steigt es von unten, sinkt von oben, immer geschehen Strömungen, Ausgleichungen, Verschiebungen, jeder Teil Wassers will auch einmal oben sein. – Wie nun der See aus Wasser, so besteht … unsere Seele … aus tausend und Millionen Teilen, aus einem stets wachsenden, stets wechselnden Gut von Besitz, von Erinnerungen, von Eindrücken. Was unser Bewußtsein davon sieht, ist die kleine Oberfläche. Den unendlich größeren Teil ihres Inhalts sieht die Seele nicht.«[16]
Wut- und Zornausbrüche in der Trennungszeit sind verständlich. Wenn aber noch lange nach dem Abschied die Aggression alle anderen Gefühle dominiert oder sie sich gar noch steigert, ist sicher, daß der Hassende sich selbst zu wenig kennt – und ein Problem hat, das durch den Verlust des Partners zwar *ausgelöst*, nicht aber verursacht worden ist. Worum könnte es sich dabei handeln? Zum Beispiel darum, daß sich jemand seiner überaggressiven *Grundstimmung* gar nicht bewußt ist und deshalb nach immer neuen Aggressionsobjekten sucht – oder darum, daß ein anderer den als höchst schmerzlich und aggressiv empfundenen Verlust eines *Elternteils* noch immer nicht überwunden hat und sein *damaliges* Erleben mit dem Verlust seines *Partners* in Beziehung bringt – oder darum, daß sein *Besitzstreben* übermächtig ist und er deshalb »sein Eigentum« womöglich bis zum Tod mit seiner aggressiven Forderung verfolgt.

[16] Hermann Hesse: Prosa aus dem Nachlaß, hrsg. Von Ninon Hesse; Frankfurt a.M., S. 219

Welche Hilfen gäbe es noch, um irgendwann zur Versöhnung zu kommen? Vielleicht diese Gedankenanstöße:

- »Vor sieben Jahrhunderten flogen sieben weiße Tauben aus einem tiefen Tal zu dem schneebedeckten Gipfel des Berges. Einer der sieben Männer, die den Flug beobachteten, sagte: ›Ich sehe einen schwarzen *Fleck* auf dem Flügel der siebten Taube.‹
  Heute erzählen die Menschen in dem Tal von sieben *schwarzen* Tauben, die zum Gipfel des verschneiten Berges flogen.«[17]
- Kann es sein, daß du den anderen deshalb mit Haß verfolgst, weil du auf diese Weise deiner Angst vor der Auseinandersetzung *mit dir selbst* aus dem Wege gehst?

- Kann es sein, daß du, weil du für deine Seele keinen neuen Inhalt findest, die Aggressionen brauchst, um »irgendwie« lebendig zu bleiben? Ob du deinen alten Partner auch dann noch mit deiner Wut verfolgen würdest, wenn du neues Glück gefunden hättest?

- Ich würde mich an deiner Stelle fragen: Was wäre, wenn ich endlich *Frieden* mit ihr/mit ihm hätte? Vielleicht würdest du darauf antworten können:
  Ich würde am Morgen nicht mit aggressiven Gefühlen aufwachen … Ich wäre weniger nervös, wenn ich von

[17] Kahlil Gibran: Sand und Schaum, Olten und Freiburg i.B. 1986, S. 61

ihm/ihr hörte … Ich hätte nicht mehr so oft Magenschmerzen … Ich würde nicht länger meine Umgebung mit meinen Schimpfkanonaden bombardieren … Ich könnte problemlos durch seinen/ihren Stadtteil fahren … etc. (*Darf ich daran erinnern? Jede Idee hat die Tendenz, sich zu verwirklichen.*)

- Was willst du einmal sagen wollen, wenn sich dein Leben dem Ende zuneigt?
  Ich habe mich immer behauptet. Oder: Ich habe mich nie zur Wehr gesetzt.
  Ich habe mein Recht durchgesetzt. Oder: Ich habe oft alle fünfe gerade sein lassen.
  Ich habe den, der mich verletzt hat, auch verletzt. Oder: Ich habe Frieden gesucht – vielleicht in der Form dieses Abschiedsbriefes:

Ein Abschiedsbrief

Liebe Petra,
Du kannst die folgenden Zeilen ganz in Ruhe lesen. Ich schreibe dir, weil ich dir etwas sagen möchte, worüber du dich vielleicht freuen wirst. Und weil der Brief ein Abschiedsbrief ist, laß mich etwas länger ausholen.
Vor gut zwei Jahren hast du mich verlassen. Als du mir sagtest, du wolltest gehen, war das ein Schock für mich, dem ich zunächst nicht gewachsen war. Ich fühlte mich wie betäubt, zu Boden geworfen, wie tot. Als ich wieder zu mir kam, durchlebte ich über eine lange Zeit viele trostlose Stunden. Ich war sehr depressiv, wie man das nennt. Ich fühlte mich klein, schwach, hilflos, jämmerlich, ohne Zukunftsperspektive. Zwischendurch gab es auch Stunden, in denen ich eine unheimliche Wut auf dich hatte. Einmal hätte ich dich – das weißt du gar nicht – fast bloßgestellt: Ich sah dich und deinen Freund in einem Café, ihr saht mich nicht. Ihr wart so verliebt ineinander, daß ich euch um ein Haar laut angebrüllt hätte. Danach verfiel ich wieder in quälende Dunkelheit.
In dieser Zeit sprach ich mit nur wenigen Leuten. Immer mehr ging mir auf, daß die, die sich mit mir solidarisierten, mir nur gefallen wollten. Und jene, die mich in gut psychologischer Manier auf »meine eigenen Anteile« ansprachen, ohne mich auch nur einen Augenblick zu ermutigen, gingen mir vollends auf die Nerven. Manchmal war ich drauf und dran, dich anzurufen und dich »fertigzumachen«. Denn dieser Zustand, in dem ich mich befand, hatte ja mit dir zu tun. (Ich war trotzig ge-

nug, nicht danach zu fragen, warum das so war). In dieser Zeit ließ ich den Anwalt die harten Briefe schreiben, wohl wissend, wie sie dich treffen würden.
Dann kam eine Nacht – sie liegt noch nicht so lange zurück, die die Wende brachte, in meinem Leben und meinem Verhältnis zu dir. Ich wurde mitten in der Nacht wach, hatte von dir geträumt. Die Bilder entfernten sich jedoch so rasch, daß ich sie nicht mehr erinnern konnte. Irgendwie war mir aber klar, daß sie mir etwas sagen wollten, was ich bislang nicht gewußt hatte oder nicht hatte wissen wollen. Eine seltsame Stimmung erfaßte mich. Ich ahnte, daß mir Wichtiges bevorstand.

Ich stand auf und ging, als ob ich geführt würde, zum Schrank. Ich holte Bilder von dir hervor, die ich nach Jahrgängen geordnet hatte. Dann studierte ich lange, sehr lange deine vielen Gesichter. Das Ergebnis war niederschmetternd. Ich erkannte, daß du in unseren zwölf Ehejahren von Jahr zu Jahr an Ausstrahlung verloren hattest. Auf dem letzten Foto – es stammte aus unserem letzten Urlaub – warst du nur noch ein Schatten deiner selbst. Als ich das sah und begriff, daß ich selbst für diese Entwicklung verantwortlich bin, habe ich wie ein Schloßhund geheult, stundenlang. (Du weißt, ich habe in unserer Ehe nie geweint.) Seltsamerweise hatte ich auch nicht einen Augenblick das Bedürfnis, deine »Anteile« gegen meine aufzurechnen. Das hat sich bis heute nicht geändert. Ich kann dir nur eines sagen: Es tut mir unendlich leid, daß du in diesen Jahren so unter mir gelitten hast.

Ich will dich auch nicht um Verzeihung bitten, denn das wäre wieder eine Forderung an dich. Stattdessen will ich dir etwas schenken (Ich hoffe, daß du das nicht melodramatisch nennst): meinen tiefen Wunsch nämlich, daß du mit Wolfgang glücklich wirst und zu dem Leben kommst, das du fröhlicher Mensch so lange nicht leben konntest …
In mir ist kein Groll mehr, schon gar keine Wut. Und die Sehnsucht nach dir ist guten Gedanken für dich gewichen. Die Klarheit, die ich in jener Nacht gewonnen habe, hat mich befreit.
Wenn ich das so schreibe – ich schreibe übrigens nicht am späten Abend und auch nicht bei einer Flasche Wein –, kommt mir auch ein Wunsch an dich: Glaub mir, daß diese Zeilen die aufrichtigsten sind, die ich je geschrieben habe. Eine Antwort darauf erwarte ich nicht.
Ich sehe noch einmal ein Bild von dir an, ehe ich es ganz tief in den Schrank zurücklege. Es ist warm in mir für dich, und deshalb lasse ich dich los.

Armin

Leitlinien für die Zeit nach der Trennung

1. Krisen sind beides: Gefährdung und Chance. Krisen bedrohen den Menschen *und* fordern ihn zur Veränderung seines Lebens heraus. Daher können sie eine Gunst sein, und daher kann das kommende Leben »besser« sein als das vergangene.

2. Nicht *bestimmte* Enttäuschungen, Verletzungen, Verluste, nicht eine *bestimmte* Not ist primär für den Fortgang der Lebensgeschichte entscheidend, sondern die Art und Weise, wie wir uns darauf *einstellen* und damit *umgehen.* Nicht darauf kommt es primär an, *was* wir an Schwerem erleben, sondern darauf, *wie* wir das Schwere *annehmen* und *gestalten.* Bis zum Tod macht jeder Mensch immer wieder die Erfahrung, daß er nicht tut, was ihm und seiner Situation entspricht. Doch macht er *auch* die Erfahrung, daß er vieles *anders* tun könnte –, weil er viel freier ist, als er sich selber eingesteht.

3. Weil wir nicht nur Individuen, sondern auch soziale Wesen sind, brauchen wir *Zeugen* nicht nur für unser Glück, sondern auch für unsere Not. Und finden wir sie, dann finden wir (wieder) Beziehung zum Leben.

4. Wer sich sein *Scheitern* eingesteht, macht sich nichts mehr vor. Wer sich nichts mehr vormacht, gewinnt erste neue Freiräume und schont seine Kräfte. Kräfte verliert der,

der den tatsächlichen Verlust des Partners leugnet. Denn nichts kostet mehr Kraft als die Verdrängung von Tatsachen.

5. Weil sich vor allem in der *frühen* Zeit der Krise die bedrängenden Gedanken und Gefühle überstürzen, ist es wichtig, sie aus-zusprechen, aus-zuklagen, aus-zuweinen und, wenn es sein muß, auch aus-zuwüten. Denn Sprache schafft Klärung und Distanz.

6. Kein vernünftiger Mensch gießt neuen Wein in alte Schläuche. Wer sein Leben neu beginnen muß oder will, wird sich deshalb auch von dem verabschieden, was ihn noch immer an *alter* Trauer, *alten* Enttäuschungen und *alten* Verletzungen ausfüllt. Er wird aber auch nach den *guten* Zeiten der Vergangenheit fragen, weil sich durch die Vergegenwärtigung *gelungenen* Lebens die Bitterkeit der Trennung vermindert und das Gefühl aufkommen kann, die vergangene Partnerschaft sei nicht nur vergeblich gewesen. Die Vergangenheit prägt zwar einen Menschen – die *Hoffnung* aber, der stärkste Beweg-Grund im Menschen, zieht ihn in *neue* Lebenserfahrungen. Wer (wieder) hofft, sucht trotz leidvoller Vergangenheit (wieder) nach Sinn.

7. Jahre, in denen ein Mensch gelitten hat, müssen keine verlorenen sein. Verloren wären vielleicht jene, in denen er sich auf seine Probleme und Nöte so *fixiert* hätte, daß er nicht genügend *gelebt oder* daraus *nicht* den Schluß gezogen hätte, Versäumtes so weit wie möglich *nachzuholen.* Nach-

holbar sind nicht die vergangenen *Ereignisse*, wohl aber, zum Teil jedenfalls, die *unverbrauchten* Kräfte. In jedem von uns wartet viel ungelebtes Leben.

8. Wer sich über längere Zeit nur auf seine Not *fixiert* und lediglich auf das sieht, was ihn niederzieht, verkennt die *Vielfalt* der Werte, die auch in schweren Zeiten darauf warten, gelebt zu werden. Und: Wird *ein* Wert verabsolutiert, zum Beispiel die Beziehung zu *einem* Menschen, dann zieht sich das Leben beleidigt zurück.

9. Kein Mensch darf einen anderen *besitzen* wollen. Denn jeder muß selbst Sinn für sein Leben und seinen Weg durchs Leben finden. Wer den anderen festhält, verliert ihn ganz bestimmt.

10. Die Trennung des einen vom anderen ist in aller Regel keine Absage an den anderen Menschen, sondern an den *Partner* der Partnerschaft. Deshalb ist das häufig geäußerte Gefühl Verlassener, aufgrund der Trennung weniger wert zu sein, ein bedauerliches Mißverständnis.

11. Umgang mit dem, was *unabänderlich* ist, ist das größte menschliche Problem und damit die größte Herausforderung des Menschen. Sie kann gelingen, wenn das, was unabänderlich ist, nicht als Schicksal verstanden wird, das zwangsläufig zur Wertminderung des *ganzen* Daseins führt. Sie kann gelingen, wenn das Unumkehrbare als Herausfor-

derung zur *Erweiterung* und *Vertiefung* des persönlichen Lebens begriffen wird.

12. Es gibt keine gesellschaftliche Form des Lebens, die ein Mensch unbedingt zum Leben braucht: die Ehe nicht, die Partnerschaft nicht, die Familie nicht. Was er unbedingt braucht, ist das Ja zu dem, was er vorfindet. Deshalb ist auch das bejahte Single-Leben eine Form gesellschaftlichen Lebens, die beglücken kann.

13. Getrennte Partner können sich wiederfinden, wenn sie noch ausreichend »Glut unter der Asche« finden –, wenn sie mit Ernst nach den Ursachen und Gründen ihres vorläufigen Scheiterns fragen – und nach *neuen* Wegen gemeinsamen Lebens suchen.

14. Neue Partnerschaften gelingen dann am ehesten, wenn die gescheiterten ausreichend »bearbeitet« worden sind. Wer eine neue Beziehung möchte und sie nicht zu erhoffen wagt, darf sich in seinen Überlegungen nicht allein auf seine eigenen negativen Erfahrungen oder die anderer berufen. Es kann sein, daß er *Widerstände* gegen eine neue Partnerschaft in sich trägt, die ihm gar nicht bewußt sind.

15. Der Mensch hat die Möglichkeit, sich nicht nur anzunehmen, sondern sich auch *abzulehnen* und zugleich seine ihm unbewußten selbstaggressiven Gefühle auf seinen Partner zu projizieren. Diese Tatsache ist der tiefste Grund für

das Scheitern der meisten Partnerschaften. Sie ist der tiefste Grund für die Turbulenzen in der Trennungszeit. Sie ist der tiefste Grund für den Mangel an Versöhnungsbereitschaft. Sie ist auch der tiefste Grund für das Scheitern neuer Beziehungen.

16. Die Trennung birgt Hoffnungen und Chancen für ein verändertes Leben in sich, wenn sich der in einer Beziehung Gescheiterte dazu entschließt, sich nicht nur seinem Verlust zu stellen, sondern auch sich *selbst*, seiner *Persönlichkeit*, seiner Geschichte, weil er nur so zu neuer Sinnerfahrung gelangt.
Wer dadurch zu vertiefter Eigenverantwortlichkeit gelangt, macht die Erfahrung, daß gelebte Verantwortlichkeit immer auch gelebte Freiheit ist. Gelebte Freiheit aber ist die Erfahrung von Weite und Tiefe, von Freude und Lust, von Sinn und Erfüllung des Daseins.

17. Weil Haß Leben zerstört, das eigene ebenso wie das des anderen, ist Versöhnung mit dem früheren Partner eine lebenswichtige Aufgabe, die nicht in weite Ferne gerückt werden darf.
Die Versöhnung kann innerseelisch, sie kann auch konkret mit dem anderen geschehen. Der Grund für die Möglichkeit von Versöhnung liegt in der Ein-Sicht, daß die tiefsten Motive für die Trennung nicht beurteilbar sind. Alle menschlichen Aussagen über einen Menschen sind letztlich nur An-Deutungen und niemals verläßliche Deutungen.

18. Jedes *gestaltete* Leid ist Aus-Druck der Sensibilität eines Menschen für die Vielfalt der Werte im Leben. Jedes gestaltete Leid ist Aus-Druck seiner Freiheit und Liebe zum Leben. Jedes gestaltete Leid ist Ermutigung für andere. Jedes gestaltete Leid erweitert die Persönlichkeit.

19. Fast nie ist Sinnfindung ausgeschlossen. Fast immer läßt Sinn sich finden. Denn die Werte im Leben *bleiben*, auch wenn sie dem Blick des Leidenden *vorläufig* entzogen sein können. Sinn findet allerdings nur der, der ihn mit Körper, Seele und Geist sucht und der sich auch durch die Not nicht das Gefühl für die Kostbarkeit von Leben nehmen läßt.

20. Wenn aus der Krise eine Chance werden soll, verlangt dieser Wandel Arbeit. Den Mut, andere für ihr eigenes mißlungenes Leben verantwortlich zu machen, haben viele, aber viele sind nicht bereit, sich an die eigene Brust zu klopfen.
Den Versuch, über neue Erkenntnisse zu einem veränderten Leben zu kommen, machen viele, aber viele verändern sich nicht durch die not-wendende Tat. Die Sehnsucht nach neuem Glück kennen viele, aber viele sind nicht bereit, ihr eigenes Sehnen ernst zu nehmen.
Und doch: Die Hoffnung auf neues Leben entwickeln viele, und *viele* sind es, die dafür gute Gründe haben – und sie auch leben.

Der Autor

Dr. Uwe Böschemeyer, geboren 1939, leitet das Hamburger Institut für Existenzanalyse und Logotherapie. Er ist Schüler von Viktor E. Frankl und Helmut Thielicke, der auch seine Dissertation zum Verhältnis von Logotherapie und Theologie begleitete.
Bekannt ist er durch Funk und Fernsehen und eine Vielzahl von Veröffentlichungen, darunter »Das Leben meint mich« und »Neu beginnen!«.

Seine Anschrift lautet:
Ahornbogen 29
21376 Salzhausen

Programme des Instituts können angefordert werden.